Chroniques matutinales

Du même auteur

AUX MÊMES ÉDITIONS

L'Enfant et la Raison d'État
coll. « Points Politique », 1977

Québec
coll. « Petite Planète », 1980

Le communisme est-il soluble dans l'alcool ?
en collaboration avec Antoine Meyer
coll. « Points Actuels », 1979

Le Nouvel Ordre gendarmique
en collaboration avec Hubert Lafont
1980

Heureux Habitants de l'Aveyron
et des autres départements français
coll. « Points Actuels », 1990

Ça n'est pas pour me vanter...
coll. « Points Actuels », 1991

Nous vivons une époque moderne
coll. « Points Actuels », 1991

Pointes sèches
1992

Dans le huis clos des salles de bains
coll. « Points Actuels », 1993

CHEZ D'AUTRES ÉDITEURS

Justice en miettes
en collaboration avec Hubert Lafont
PUF, 1979

Dans mon pays lui-même…
Flammarion, 1993

Philippe Meyer

Chroniques matutinales

Éditions du Seuil

EN COUVERTURE : dessin de Sempé

ISBN 2-02-021150-5

Avant-propos

Heureux habitants des départements français et des pays francophones circumvoisins ou plus éloignés, pour la cinquième année (vérifiez que les quatre autres figurent bien dans votre bibliothèque), j'ai l'honneur de présenter au public, dont j'ai confiance qu'il se l'arrachera, l'édition à but lucratif des chroniques matutinales dont un commentateur a bien voulu écrire – je cite – qu'« elles sont à France-Inter ce que le nez était à Cyrano, le feu à Prométhée, l'oreille aux grognards de la Garde, la poitrine à Mlle Lollobrigida et le thé à l'empire britannique ».

Les chroniques que l'on va lire (et, sans doute, méditer) ont été proférées entre septembre 1991 et avril 1992, sous le regard frisé de Mlle Martin, dont je n'hésite pas à proclamer qu'elle a sur moult auditeurs les mêmes effets que Bernadette sur les paralytiques et la regrettée Mata-Hari sur les états-majors. Au moment où elles vont paraître (ces chroniques, pas Bernadette, ni Mata-Hari), leur auteur sera au bord de barytoner sa millième.

Peu d'hommes connaissent le bonheur de barytoner leur millième, et il est difficile de décrire avec précision les impressions et les sentiments qui se télescopent dans l'esprit de l'homme lorsqu'il s'apprête à millénariser son barytonage. Disons qu'à force de scruter le monde avec l'œil du chroniqueur matutinal, l'homme aimerait souvent remonter à la plus haute Antiquité. Non qu'il pense que le désordre y était moins établi ou qu'il y fut plus aimable, mais parce qu'il y avait moins d'ancienneté : les Antiques pouvaient caresser l'espoir que les Modernes apprendraient d'eux, il leur était loisible d'escompter au moins que l'humanité renouvellerait le catalogue de ses pitreries et, à défaut de s'essayer à la vertu, inventerait de nouveaux vices. Il est aisé de constater qu'il n'en est rien, et ces chroniques en constituent un irrécusable rappel. Eugène Ionesco soulignait à raison que « l'humour étant l'intuition de l'absurde, il est plus désespérant que le tragique ». Voilà ce que se répète le barytoneur de la millième, qui pense le temps venu de prendre la pause du philosophe.

« Écoute, baryton, arrête un peu ton *charre** », entonne alors sa bande de camarades, « et viens avec nous admirer la femme à barbe et l'homme-tronc. » Je dédie donc cet ouvrage, pour les remercier de leurs invitations, aux camarades de ma bande, Michèle, Hélène, Letitia, Dominique, Olimpia, Gabrielle, Françoise, Sarah, Pierre, Hugues, Étienne-Émile, Paul-Annik, Jean-Louis, Emanuele, Bernard, George et Georges.

Enfin, je dois rappeler – car l'histoire peut ne pas s'en souvenir – que ces chroniques furent proférées sous deux gouvernements dont l'un eut pour figure de proue Mme Édith Cresson et l'autre pour gaillard d'avant M. Bernard Tapie. La première a beaucoup fait pour la consolidation de la misogynie, le second pour la confusion des genres. Presque autant qu'Ève Ruggieri et que Patrick Poivre d'Arvor.

* Mot qui dérivait du verbe charrier avant que Charlton Heston ne se prenne pour Ben Hur.

Heureux habitants de l'Aveyron et des autres départements français, l'heure de la rentrée a sonné, l'heure approche où il fera nuit tard le matin et tôt l'après-midi, l'heure vient où le touriste remise son appareil photo dans l'étui protecteur et s'apprête à monter dans le charter qui le reconduira vers son charnier natal. Le touriste va nous manquer. Dans nos paysages urbains ou ruraux, il est devenu un ornement indispensable. On le reconnaît au premier coup d'œil... C'est un individu habillé d'une manière telle que, s'il se trouvait dans son propre pays, il se retournerait dans la rue en se voyant passer. Il porte de plus en plus souvent sur le ventre une poche marsupiale fluorescente dans laquelle il serre son passeport, ses chèques de voyage et les clefs de son home sweet home. Il arpente parfois nos trottoirs avec le chef couvert d'une sorte de foulard de corsaire. Sa compagne rend visite à la Joconde le derrière à peine enveloppé d'un short qui se souvient de ce qu'il veut dire en anglais.

Le touriste est un animal débonnaire et qui a besoin de nous. C'est pourquoi il est le seul être humain qui s'enhardit à nous arrêter dans la rue pour nous demander si « nous safoir où être place des Fictoires ». Souvent nous savoir et toujours nous contents de faire montre de notre science, quoique, dans le cas précis, j'ai trouvé un peu gênant de répondre à mon interpellateur qu'il stationnait précisément devant le n° teux de la place des Fictoires. Cela pouvait passer pour de l'anti-germanisme primaire.

Le touriste est divers. Il est même de plus en plus divers, contrairement à l'idée qui règne selon laquelle il serait essentiellement japonais. Cette année, à Paris, le touriste a été fortement polonais. On distingue le touriste japonais à ce qu'il se déplace en bancs et que les dames touristes rient volontiers comme des collégiennes. On reconnaît le touriste polonais à ce qu'il regarde avec le même émerveillement les charcuteries et les musées. En général, ses moyens ne lui permettent pas d'entrer dans les charcuteries. J'en ai vu un groupe qui contemplait du pâté en croûte dans une vitrine du même œil qu'ils avaient dû regarder *La Chambre de Vincent à Arles*, au musée d'Orsay. Car le touriste polonais est là pour nous rappeler que le pâté en croûte peut être aussi hors de portée de l'estomac des uns qu'un tableau de Van Gogh de la bourse des autres. Le touriste remplit donc une fonction morale. Mais il remplit aussi une fonction vitale essentielle : celle de nous signifier que le décor dans lequel nous vivons toute l'année peut être considéré comme un décor de vacances. Tous les ans à la même époque, je me promets de m'en souvenir pendant onze mois, et tous les ans, j'oublie au bout d'une semaine. Et si, cette année, nous essayions de tenir quinze jours ?

Je vous souhaite le bonjour.

Nous vivons une époque moderne.

Heureux habitants de la Meurthe-et-Moselle et des autres départements français, à quoi est-il particulièrement difficile d'échapper pendant les vacances ? Aux algues vertes ? Aux aoûtats ? Aux maladies laissées derrière elles par les amours de rencontre ? Aux animaux abandonnés par leurs maîtres ? A la rapacité des commerçants ? Aux caravanes bataves ? Non. Certes, chacun de ces périls est bien réel, mais aucun n'est vraiment nouveau. Le péril majeur et moderne des vacances contemporaines, c'est le festival. J'entends bien qu'il existe des festivals de qualité, et même certains acharnés à proposer au public des programmes chatoyants et courageux, mais pour un festival de ce type, combien de festivals bâclés où des artistes au bord de l'Alzheimer viennent cabotiner sous les étoiles et faire subir aux auteurs classiques le traitement que le sadique de Milwaukee réservait à des jeunes gens de rencontre ?

Et derrière les présentations culturelles et le prêchi-prêcha des nobles intentions, combien d'ambitions inavouées et d'appétits financiers soigneusement masqués par de bonnes paroles. Puisque l'époque distribue volontiers des récompenses, je me demande s'il ne serait pas bon de créer pour ce genre de festival un prix particulier que l'on pourrait appeler le prix Tartuffe. Je crois même que je vais prendre sur moi, cette année, d'attribuer ce prix à la si charmante cité de Ramatuelle. Ramatuelle, en effet, à créé un festival, il y a quelques années, qu'elle a baptisé festival « Gérard Philipe », avec l'accord de la veuve du comédien, Anne. Anne Philipe est morte au printemps 1990. Trois mois plus tard, le festival de Ramatuelle en profitait pour mettre en vente une télécarte avec l'image du comédien jouant *Le Prince de Hombourg*, des pin's représentant sa silhouette et des montres de la même farine. Ça n'est pas pour me vanter, mais il me semble qu'il y a comme une contradiction entre ce mercantilisme cynique et le souvenir que nous gardons du comédien du *Cid*, de *Fanfan la Tulipe* et de *Till Eulenspiegel*. Je m'en voudrais de garder pour moi la dernière trouvaille des marchands du temple de Ramatuelle, trouvaille que j'ai vu des yeux qui vous parlent, si j'ose dire. Cette année, ils ont mis le portrait de Gérard Philipe sur des caleçons. S'ils en portent eux-mêmes, je leur conseille de les faire rembourrer : il n'est pas sûr que tous les coups de pied au cul se perdent.

Je vous souhaite le bonjour.

Nous vivons une époque moderne.

Heureux habitants du Pas-de-Calais et des autres départements français, il ne nous a pas échappé que cet été notre vie à tous a pris un tournant décisif et que désormais rien ne sera plus comme avant. « Voilà-t-il pas qu'il va s'aviser lui aussi de nous parler de l'Europe centrale et orientale et qu'il va se croire obligé de nous tartiner de la géopolitique », vous entends-je maugréer dans le huis clos de vos salles de bains. Pas du tout. Mon intention n'est pas de vous tympaniser avec des considérations au-dessus de mon âge. Elle est, mon intention, de vous inciter à saluer avec moi le génie humanitaire de M. Pierre Richert.

De qui veux-tu parler, ô moulin à paroles radiodiffusées ? Je veux parler, ô auditeurs mal tombés de vos lits, de l'inventeur du flash-ball. Et que diantre est-ce là que le flash-ball, réveille-matin à pattes ? C'est un fusil court à deux canons de 4 mm de diamètre qui pèse moins d'un kilo et tire des balles de caoutchouc toutes rondes. A vingt mètres, vous recevez une de ces balles et c'est comme si le regretté Cassius Clay vous avait gratifié d'un uppercut au plexus : vous partez à dame et vous comptez les chandelles pendant dix bonnes minutes.

Ce fusil-qui-ne-tue-pas se trouve en vente libre, ce qui, j'en suis sûr, ouvre des perspectives à tous ceux d'entre vous qui ont un ou plusieurs voisins avec un ou plusieurs enfants. La police américaine en a commandé cinq cents, les polices brésilienne et coréenne le testent, la police suisse l'a adopté, le groupe d'intervention de la police nationale l'a pris à l'essai et nos forces de l'ordre l'ont déjà utilisé. Devinez où ? A la Réunion, au moment des dernières émeutes. Il paraît que les émeutiers tombaient comme à Gravelotte et se relevaient comme après un accident de chemin de fer.

Bien que l'expérimentation du flash-ball sur les pauvres de la Réunion ait donné les meilleurs résultats, seulement deux mille Français métropolitains ont jugé bon d'en acquérir un exemplaire. L'inventeur soutient que c'est, je cite, « parce que les gens veulent une arme pour tuer, pas pour neutraliser », fin de citation. Ce n'est pas impossible, ce n'est même pas improbable, et je comprends la déception du père du flash-ball. Mais puis-je lui suggérer de remettre son ouvrage sur le métier et de passer du fusil qui assomme au *canon* qui assomme. Vu la quantité d'Albanais, de Polonais, de Tchèques, de Moldaves, de Biélorusses, d'Ouzbeks, de Lettons, de Tziganes et de Gagaouzes qui vont, dans les années à venir, tenter de passer nos frontières, il me semble qu'une ligne ininterrompue de batteries de canons qui assomment serait seule susceptible de sauvegarder à la fois nos principes, nos biftecks et la vertu de nos sœurs et de nos compagnes.

Tu vois, Émilie, je t'avais bien dit qu'il ne pourrait pas s'empêcher de faire de la géopolitique.

Je vous souhaite le bonjour.

Nous vivons une époque moderne.

Heureux habitants de la Creuse et des autres départements français, les plus attentifs d'entre vous se souviennent de ma récente causerie sur les touristes et les bienfaits qu'ils apportent avec eux. Comme si le Ciel avait voulu me faire savoir qu'il écoute France-Inter à 7 h 45, il m'en a envoyé pas plus tard qu'hier une charmante confirmation. Je vous la narre.

Vers 20 h 30, j'allais, sans vouloir me vanter, porter une galette et un petit pot de beurre à une personne qui ne me hait point et à qui je rends de mon mieux la pareille. Cette personne gîte à l'angle de deux rues où les édiles municipaux ont fait édifier une sanisette. Dois-je préciser, pour nos auditeurs campagnards, qu'une sanisette est un édicule hideux qui a succédé aux chalets dits « de nécessité » et qui, en échange de deux francs, vous permet de répondre à un pressant appel de la nature.

Comme je m'apprêtais à dépasser ce grotesque mais parfois utile monument, je vis un Japonais seul, jeune, tenant à la main un plan de Paris et arborant la face de quelqu'un qui va éclater en sanglots. Le regard qu'il me jeta me rappela celui d'un lapin que j'avais surpris dans un champ un jour d'ouverture de la chasse. Je ne chasse ni le lapin ni le Japonais et, comme je ne partage pas les vues anti-nippones de Mme Édith, je m'adressai à lui dans la langue internationale, pour savoir si je pouvais lui être d'un quelconque secours. Le regard qu'il me jeta me rappela celui, éperdu de reconnaissance, de mon directeur M. Levaï, lorsque j'acceptai de recommencer cette année à vous sortir de vos lits et à égayer vos embouteillages.

Le Japonais m'expliqua d'un trait que, séjournant quarante-huit heures à Paris à l'occasion d'un tour d'Europe en huit jours, il avait déjà vu les trois quarts de ses monuments mais qu'il lui manquait la pyramide du Louvre, qu'il allait faire nuit et qu'à force d'avoir tricoté des gambettes du Sacré-Cœur aux Invalides et de Beaubourg au Trocadéro, il n'arrivait même plus à se situer sur le plan de Paris. Bref, il allait imploser d'une overdose de tourisme.

Si peu que ce soit, j'ai été scout : je sais lire une carte et consoler mon prochain, même jaune. Je le rassérénai et lui indiquai la voie qui menait à la tant désirée et d'ailleurs proche pyramide. Un Anglais m'eût remercié d'un vigoureux *shake-hand*. Un Espagnol m'eût serré virilement sur son cœur. Un Italien m'eût baisé les mains. Un Albanais embrassé les pieds. Que croyez-vous que fit ce Japonais pour me prouver sa reconnaissance, et que je sois changé en publicitaire si je mens : il sortit son appareil photo et me tira incontinent le portrait. Et c'est comme ça que je figurerai bientôt dans un album de photos nippon tenant une galette et un petit pot de beurre devant une vespasienne chiraco-automatique.

Je vous souhaite le bonjour.

Nous vivons une époque moderne.

Heureux habitants de l'Orne et des autres départements français, ce n'est pas pour vous donner de fausses joies, mais, pendant les vacances désormais achevées pour la plupart d'entre vous – et que les autres savourent leur bonheur –, pendant ces vacances, donc, je crois que l'on a réalisé une importante découverte scientifique.

Dût mon patriotisme en souffrir, il me faut indiquer d'entrée de jeu que cette découverte revient à un médecin helvète. Ce médecin helvète a poussé l'abnégation jusqu'à utiliser comme cobaye sa propre fille, une enfant de sept ans. Il me semble que, depuis le sacrifice d'Isaac par Abraham, on n'avait rien observé d'aussi héroïque.

Notre médecin suisse a attaché sa fillette avec de la corde – ça s'appelle encorder –, il a attaché à la même corde son épouse et un guide, il s'est attaché lui-même et ils ont grimpé jusqu'au 4 800e mètre du mont Blanc. Pour être précis, j'ajouterai que la gamine avait passé la nuit dans un refuge à 3 051 mètres et qu'elle en était partie en direction du toit de l'Europe à 3 heures du matin.

Sur le plan purement sportif, il s'agit là d'un exploit digne du *Guiness Book of Records*, l'annuaire des imbéciles, quoique certains esprits chagrins aient fait observer que la performance eût été encore plus remarquable si, en plus de se traîner elle-même jusqu'en haut du mont

Blanc, la fillette de sept ans avait porté son père sur son dos. Patience, ô auditeurs avides d'exploits, d'extrême et d'aventure. Après s'être inspiré de l'exemple d'Abraham sacrifiant Isaac, je sens que, l'an prochain, notre médecin suisse va tenter d'imiter celui d'Anchise se faisant porter par son fils Énée.

Qu'est-ce qui te permet de conjecturer de la sorte, ô chroniqueur matutinal ? Eh bien, c'est précisément la découverte scientifique que nous avons faite avec ce médecin ascensionniste. Et quelle découverte as-tu faite avec ce médecin ? J'ai découvert ni plus ni moins que l'authentique crétin des Alpes.

Je vous souhaite le bonjour.

Nous vivons une époque moderne.

Heureux habitants de la Mayenne et des autres départements français, certains d'entre vous ont sans doute envoyé pendant les dernières vacances un échantillon de leur progéniture en Angleterre afin qu'il parfasse sa pratique de la langue de Milton. (Ne cherchez pas, parfasse est bien le subjonctif de parfaire, quant à la langue de Milton, elle vaut bien la langue de Shakespeare.)

Beaucoup de jeunes gens qui ont dû subir pareille épreuve racontaient volontiers, lorsque j'étais moi-même d'âge scolaire, qu'ils avaient plus appris sur les techniques de contact rapproché entre les sexes que sur les faux amis dont est parsemé l'idiome de la Perfide Albion. C'est un apprentissage qui peut aussi avoir son utilité. Il me semble toutefois qu'il demande une certaine douceur, ou, en tout cas, un certain tact.

C'est pourquoi j'espère que ce ne sont pas vos fils qui ont été hébergés par Mme Howard, dans un quartier de l'ouest londonien.

Deux de nos jeunes compatriotes âgés de 15 et 16 ans ont en effet été très bien accueillis par cette jeune femme de 36 ans, à peine vêtue, en raison de la chaleur, d'un négligé en soie artificielle. Si bien accueillis même qu'à peine arrivés ils se sont vus proposer un massage pour les reposer des fatigues du voyage. Peut-être ont-ils été un peu surpris mais, enfin, ils semblent s'être dévêtus de bonne grâce. La partie de leur anatomie que Mme Howard a particulièrement massée n'était pas à proprement parler celle où s'étaient accumulées les fatigues de leur voyage. C'est pourquoi leur étonnement a crû et même fini par provoquer chez eux une certaine nervosité. Pour les apaiser, leur hôtesse a eu l'idée de leur bander les yeux. Auparavant, afin de les convaincre que l'être humain est partout le même, quelle que soit sa nationalité, l'hospitalière Britannique avait eu la délicatesse de leur mettre sous les yeux ce qui, en effet, sous tous les climats, distingue les dames des messieurs. Il semble que cette vision n'ait provoqué une vive émotion que chez 50 % de nos compatriotes, ce qui n'autorise pas à tirer des conclusions hâtives sur les 50 % restants.

Cela dit, il appert que l'un et l'autre ont fini par considérer que les massages de leur logeuse faisaient partie du programme de leur voyage éducatif. En tout cas, ils en ont raconté le détail à l'un de leurs professeurs accompagnateurs. Celui-ci l'a répété à un collègue anglais et, de fil en aiguille, le jury de Isleworth Court vient d'envoyer Mme Howard effectuer un séjour éducatif de neuf mois dans la prison la plus proche de son domicile. Quant à nos deux compatriotes, il se peut qu'ils conservent un bon souvenir de leur séjour londonien. Mais il se peut aussi qu'ils en veuillent à Mme Cresson de ne les avoir avertis que de la moitié des dangers que court la jeunesse en Grande-Bretagne.

Je vous souhaite le bonjour.

Nous vivons une époque moderne.

Heureux habitants de l'Aisne et des autres départements français, ça n'est pas pour me vanter, mais je vais avoir l'honneur ce matin devant vous de fustiger déploratoirement et de déplorer fustigamment, en une seule véridique et brève histoire, à la fois le recul contemporain de la culture, la détérioration du service de la poste et l'américanisation de nos mœurs.

Comme Mlle Martin pourra en témoigner, cet exploit sera accompli sans autre accessoire que deux cordes vocales, une langue et un microphone.

Donc : un auditeur parisien de France-Inter se trouvait devoir envoyer une lettre à laquelle il attachait de l'importance à une jeune femme en résidence provisoire dans l'un de nos départements métropolitains. Il mit la lettre dans une enveloppe, affranchit ladite enveloppe d'un timbre à 2,30 francs et d'un timbre à 20 centimes, et la porta à la poste la plus voisine un jour que nous appellerons le jour J. A J + 2, la missive n'était pas parvenue à destination. A J + 3, pas davantage. A J + 4, aucun changement. La destinataire s'émeut et se rend à son propre bureau de poste. On y tente de la tranquilliser. Elle s'obstine à trouver cette lenteur anormale. On la juge déraisonnable. Elle insiste. On consent à chercher. A force de chercher, on trouve la lettre qui attendait dans un casier.

Le receveur est tout à la fois confondu et navré. On convoque le préposé chargé du secteur où se trouve la maison où la jeune femme villégiature et qui ne lui appartient pas. On vérifie que l'adresse avait été portée correctement. On constate que c'est le cas : l'expéditeur a écrit

> Mme Untel
> a.b.s. de M. Telautre
> puis
> la rue, le numéro, le code postal et le nom du bourg.

Le facteur déclara alors qu'il avait gardé la lettre au bureau de poste ayant pensé que a.b.s. signifiait absent. Comme on lui faisait observer que a.b.s. veut dire « aux bons soins » de quelqu'un, c'est-à-dire chez lui, il garda le silence un instant puis déclara : « Je croyais que c'était c.o. » ; c.o. qui en anglais signifie « care of », c'est-à-dire a.b.s.

Je vous souhaite le bonjour.

Nous vivons une époque moderne.

Heureux habitants des Yvelines et des autres départements français, vous n'êtes pas sans savoir qu'il est inutile d'espérer réussir si l'on ne commence pas par entreprendre. C'est ce que vient de démontrer le tenancier et propriétaire d'un café de la localité d'Oevoertorneaa.

La localité d'Oevoertorneaa se situe – je suis sûr que je vous l'enlève de la bouche – au nord de la Suède, non loin du cercle polaire arctique. C'est dans ce « non-loin » que réside, ou plutôt que résidait, le problème du tenancier du café susnommé. Plutôt que de stationner durablement chez lui, les touristes préféraient se rendre quelques kilomètres plus au nord et se faire photographier devant l'amoncellement de pierres par lequel les géographes ont matérialisé l'emplacement précis du cercle polaire arctique.

Le cafetier s'est ouvert de son dépit aux autorités de la ville d'Oevoertorneaa. Celles-ci, examinant le manque à gagner supporté par le bistro et donc la moins-value des rentrées fiscales pour leur commune, ont considéré que le cercle polaire arctique est, comme l'équateur ou les tropiques, une ligne artificielle déterminée par les calculs et les décisions des hommes.

Ce que l'homme a fait, ont pensé les édiles municipaux d'Oevoertorneaa, l'homme peut le défaire, au moins le modifier. Et c'est ainsi que la ligne du pôle a été avancée de plusieurs kilomètres par un arrêté municipal. Le cafetier malheureux voit désormais son établissement traversé par le cercle polaire arctique.

Comme on s'en doute, les géographes ont protesté contre ces violences faites à leur science pour les seuls besoins du tourisme. L'un d'entre eux, Wibjorn Karlen, professeur à l'université de Stockholm, a trouvé un moyen de remettre l'inquiétude au cœur du cafetier et des édiles d'Oevoertorneaa. Il leur a envoyé une lettre les informant que, tous les ans, le cercle polaire arctique se déplace de 15 mètres vers le sud, ce qui va obliger la municipalité à renouveler son arrêté. On craint qu'à force de changer le pôle Nord de place, les élus municipaux d'Oevoertornaa ne finissent par décider qu'ils vivent sur l'équateur…

Je vous souhaite le bonjour.

Nous vivons une époque moderne.

Heureux habitants de la Saône-et-Loire et des autres départements français, depuis lundi dernier, comme moi-même, vers neuf heures moins le quart, vous entendez une réclame pour un appareil que vous propose France Télécom et qui vous permet :

1) de vous apercevoir que quelqu'un cherche à vous joindre pendant que vous parlez à quelqu'un d'autre,

2) de couper la chique au premier quelqu'un pour répondre au second.

Pour ceux qui ont déjà été dans la positon du premier quelqu'un, et qui ont été abandonnés par leur correspondant (ou dante) au profit du second quelqu'un, savent quel traumatisme cela représente et considèrent cet appareil comme infâme, malotru et parfaitement symptomatique de l'impatience névrotique qui caractérise une partie non négligeable de nos contemporains. S'ils veulent parler à la même personne que nous et que le téléphone de ladite personne est occupé, qu'ils attendent ou mieux qu'ils écrivent. Mais là n'est pas toute l'infamie de France Télécom ; si vous n'avez pas entendu sa réclame, je vous résume : une jeune femme, Françoise, attend deux couples d'amis à dîner. Elle est en train de répondre à une voix blonde qui annonce qu'elle et son coquin seront en retard et s'inquiète de savoir si « les Martin » sont arrivés. Coïncidence miraculeuse, l'appareil infernal fait entendre son maudit déclic juste à ce moment. Devinez qui sont-ce. Ce sont les Martin. Vous êtes à la cabine, leur demande Françoise au cas où ils téléphoneraient depuis un distributeur de café ou un chariot élévateur. « Ils sont à la cabine. Alors tout droit et à cinq cents mètres, la première à gauche. » On leur a dit vingt fois aux Martin, à la cabine, c'est tout droit et à cinq cents mètres, la première à gauche, mais les Martin, il faut tout leur redire. C'est contre cette atteinte portée à la réputation des Martin en général et donc de Mlle Martin en particulier que je m'élève bruyamment ce matin et tiens à pourfendre France Télécom qui aurait pu avoir l'élégance de choisir un autre nom pour son couple de bêtassons perdus à la cabine : ils auraient pu les appeler les Poivre, ou les Sabatier, ou les Ruggieri, ou les Rausch. Quand même : il y a plus d'un âne qui ne s'appelle pas Martin.

Je vous souhaite le bonjour.

Nous vivons une époque moderne.

Heureux habitants de la Dordogne et des autres départements français, vous n'êtes pas sans avoir remarqué que nous sommes presque chaque jour soigneusement dénombrés par le Grand Statisticien et regroupés en fonction de tel ou tel de nos comportements. Selon l'Audimat, 52 % d'entre nous ont regardé telle émission. Selon tel institut, 58 % des Français mangent des yaourts aux fruits une fois au moins par semaine. Selon tel autre, 62,6 % possèdent une tourniquette à faire la vinaigrette et 58,4 % l'ont achetée à tempérament. Bref, la grande affaire de la statistique, c'est de nous mettre en tas. Plus le tas est gros, c'est-à-dire plus les comptages mettent en évidence ce que nous avons d'identique, plus le Grand Statisticien est content.

Comme vous vous en doutez, l'esprit de contradiction qui préside à cette chronique me pousse à rechercher au contraire ce que nous avons de plus varié, de plus dissemblable, de plus rare. Ça n'est pas pour me vanter, mais je crois que ces recherches m'ont conduit à dégoter un groupuscule inenvisageable par la statistique, tant sa dimension est modeste. Il s'agit de 1 800 personnes des deux sexes regroupées dans un mouvement baptisé « Connaissance hellénique ». Sont-ce des touristes entichés du Péloponnèse et amateurs de voyages à bas prix ?

Nullement. Sont-ce des polissons attirés par l'amour grec et qui entendent connaissance dans son sens biblique ? Pas davantage. Le mouvement « Connaissance hellénique » rassemble des gens qui veulent apprendre le grec ancien.

Et quelle sorte de gens veulent apprendre l'ancien grec en dehors de leurs heures de travail ? Des surdoués ? Des érudits ? Des riches oisifs ? Nenni. Des gens. Des gens comme la plupart des gens, qui mangent du yaourt aux fruits une fois par semaine et n'ont pas encore fini de payer les traites de leur tourniquette à faire la vinaigrette. Des employés de banque, des hôtesses de l'air, des instituteurs, des assistantes sociales, des agents immobiliers, des psychologues.

Et ces 1 800 gens, par quoi sont-ils poussés à apprendre le grec ancien auprès des enseignants bénévoles de leur mouvement ? Par le vice. Par l'un des plus vieux vices du monde, celui-là même, dit-on, qui permit au serpent de titiller Ève et à Ève d'agacer Adam : le vice de la connaissance. Et à quoi cela va-t-il leur servir ? A rien. Ou plutôt à une satisfaction intime et secrète qui leur donne une imperceptible lueur dans l'œil. La lueur de celui qui préfère s'essayer à traduire le vieil Homère plutôt que de regarder *Sacrée Soirée*. Le Saint-Audimat ne doit pas y voir offense : 1 800 hellénistes à vocation tardive, cela représente 0,005 % de ce que l'on désigne sous le nom de point d'audience. Expression dont je signale au passage qu'elle est intraduisible en grec ancien, quoique ce soit au moins en partie à cette langue que nous devions le mot télévision, ce qui ne suffit pas à établir la plus petite filiation entre le regretté Socrate et le regrettable Jean-Pierre Foucault.

Je vous souhaite le bonjour.

Nous vivons une époque moderne.

Heureux habitants de la Nièvre et des autres départements français, si, autrefois, on pouvait vous diviser en bourgeois et prolétaires, ou en calotins et anticléricaux, ou même en ruraux et en urbains, vous appartenez aujourd'hui essentiellement à deux catégories : les fumeurs et les non-fumeurs. Apre est la lutte qui vous oppose si j'en juge par le courrier de l'un ou de l'autre de ces camps irréconciliables.

Cependant, quelque danger que je coure, il est de mon devoir de vous tenir informés des nouvelles du front. Ainsi, ce matin, les non-fumeurs apprendront-ils sans doute avec plaisir que le night-club baptisé Town Pump, qui se situe dans le centre ville de Vancouver, au Canada, a été interdit aux fumeurs au début de ce mois.

Mais, pour la plus grande satisfaction des fumeurs, je dois à la vérité d'ajouter que le même night-club de Vancouver a abandonné hier cette formelle interdiction. Ceux qui, fumeurs et non-fumeurs, sont de simples partisans d'une tolérance réciproque et d'une cohabitation placée sous le signe de la bonne vieille politesse, ceux-là pensent sans doute que l'histoire des voltes et contrevoltes de l'établissement de plaisir vancouvérien représente un point marqué par eux.

Il me revient la triste responsabilité de les désappointer.

Les raisons pour lesquelles le propriétaire du night-club est revenu sur l'interdiction faite aux fumeurs de pénétrer chez lui sont des raisons qui ont peu à faire avec l'idée de tolérance. Interrogé par mes confrères canadiens – car, sans me vanter, j'ai des confrères canadiens –, le tenancier de Town Pump a déclaré que les non-fumeurs commandaient beaucoup moins de consommations que les fumeurs et que les pourboires qu'ils abandonnaient sur les tables étaient sensiblement moins élevés.

J'allais tirer une conclusion perfide de cette information lorsque mon stylo s'est figé dans l'encrier à la pensée des lettres d'injures qui risquaient de m'échoir en grand nombre. Ce n'est pas qu'il soit si désagréable de se faire engueuler, mais j'ai pour principe de répondre au courrier et cela fait beaucoup de travail. Sauf évidemment quand les lettres sont anonymes, mais la lettre anonyme n'est guère le genre des auditeurs de France-Inter. D'une certaine manière je le déplore, car c'est agréable, parfois même voluptueux, d'utiliser une lettre anonyme pour allumer sa pipe.

Je vous souhaite le bonjour.

Nous vivons une époque moderne.

Heureux habitants de la Réunion et des autres départements français, il y a une petite semaine, je me livrais devant vos oreilles à une défense convaincue de l'honneur des Martin. Ce n'est pas, argumentais-je, parce que leur patronyme est le patronyme français le plus répandu qu'ils doivent servir d'illustration à toutes les publicités qui ont besoin d'un Français moyen très moyen.

Je remercie tous les Martin de France et de Navarre qui m'ont envoyé des témoignages de leur gratitude, et notamment Mlle Patricia Martin qui... enfin que... enfin dont... enfin je la remercie.

Malheureusement, les Martin et moi-même nous nous sommes mis le doigt dans l'œil *usque ad omoplatum*, comme disaient les Latins, c'est-à-dire jusqu'à l'omoplate. J'en tire la certitude d'une lettre et d'un document à moi envoyés par le premier magistrat municipal du sympathique bourg de Laissac, dans le succulent département de l'Aveyron. Que m'écrit le maire de cette cité que l'on surnomme « la perle du Causse » ?

Il m'écrit que Martin n'est pas, contrairement à l'idée reçue, le patronyme français le plus répandu dans le monde. C'est seulement le patronyme français le plus répandu dans l'Hexagone. Mais si l'on ajoute la Suisse, la Belgique, le Québec, la Louisiane, toutes les contrées de l'Amérique et de l'Afrique et même de l'Océanie, Martin perd sa place et de loin.

Et de qui mon correspondant tient-il cette information ? D'un professeur de français de l'Université de Tokyo, M. Kamishita, dont il a lu une interview qu'il m'envoie. M. Kamishita, qui lit et parle évidemment le français avec une grande aisance, a soutenu sa thèse sur « le nom français le plus répandu dans le monde ». Pour ce faire, il a lu tous les annuaires du téléphone publiés dans cette vallée de larmes. Et quelle est sa conclusion, ô chroniqueur matutinal qui nous fait languir ? La conclusion de M. Kamishita, c'est que le patronyme français le plus répandu dans le monde est Boyer.

Je recommande donc aux dames et demoiselles Martin dépitées par cette nouvelle d'épouser un Boyer, aux messieurs Martin de se fiancer à une Boyer et d'accoler leurs noms et je salue d'un geste large tous les Boyer en général, et notamment Yves Boyer, le maire de la susnommée cité de Laissac dans l'Aveyron, auquel je dois ma science toute fraîche.

Je vous souhaite le bonjour.

Nous vivons une époque moderne.

Heureux habitants de la Drôme et des autres départements français, ça n'est pas pour me vanter, mais, hier, je n'ai absolument rien fichu de toute la journée. Ce n'est pas ma faute, c'est la faute de M. Robert Laffont. M. Robert Laffont s'est en effet avisé de publier dans sa collection « Bouquins » 1 600 pages signées de feu Antoine Blondin et que l'on peut acquérir pour 150 francs, ce qui fait 9,3 centimes la page.

Dans ces 1 600 pages se trouvent inclus cinq romans et une vaste brassée de textes consacrés avec un égal bonheur aux courses de vélocipèdes, au regretté Charles Baudelaire, aux élections, aux boissons fermentées, au jeu de rugby, au défunt Jean-Paul Sartre, à Michel Jazy, à divers Jeux olympiques, à Maria Callas, à Charles Dickens et à de nombreux sujets dont la futilité ne saurait échapper à quiconque et devrait faire froncer les sourcils de plus d'un.

J'ai dit que Blondin écrivait sur tout avec un égal bonheur. C'est une formule toute faite. On pourrait aussi bien avancer qu'il traitait de tous les sujets avec un égal malheur. L'essentiel est de parvenir à transmettre que bonheur ou malheur sont des sentiments ou des états de l'âme que Blondin traduit sans jamais forcer personne à les partager. Certains écrivains espèrent transformer le monde. Antoine Blondin espérait supporter le monde et le rendre supportable en le recréant, en l'améliorant, je veux dire en l'imaginant. Ainsi font les moines, qui se retirent de la vie et décident de porter sur leurs épaules le fardeau de la condition humaine par le seul exercice de la prière. Ils ne nous connaissent pas, ne nous rencontrent pas, et pourtant, croyants ou non, ils pensent à nous et, croyants ou non, il me semble que nous le savons. L'écrivain-moine Antoine Blondin vivait avec force ce que nous vivons distraitement, avec négligence. Il ne lui serait pas venu à l'idée de nous reprocher cette négligence. De toute façon, négligents ou pas, il ne croyait pas que cela changeât grand-chose. Cela dit, ne pas croire, ce n'est pas ne pas espérer.

« Un jour peut-être, écrivait-il à la fin de *L'Humeur vagabonde*, un jour peut-être, nous abattrons les cloisons de notre prison ; nous parlerons à des gens qui nous répondront ; le malentendu se dissipera entre les vivants ; les morts n'auront plus de secrets pour nous.

Un jour, nous prendrons des trains qui partent. »

En attendant, nous vivons une époque moderne.

Et je vous souhaite le bonjour.

Heureux habitants de l'Ariège et des autres départements français, sans doute vous arrive-t-il parfois de songer à tout planter là et à filer dans un coin désert et élevé pour vous mettre à l'abri de la sottise du genre humain. Généralement, on ne met pas cette menace à exécution. On a peut-être tort. Si vous décidez de vous retirer du monde et de le regarder de haut, en tout cas, ne choisissez pas l'Himalaya.

L'Himalaya est devenu un massif où les traces de l'homme sont de plus en plus nombreuses, de plus en plus visibles et de plus en plus déplorables. Chaque année, en effet, environ 90 000 touristes viennent dans cette région du monde, inviolée il y a quarante ans, pour s'y adonner aux joies du trekking, du balading, de l'escalading, du marching et de l'alpinisming. Chacune des expéditions organisées dans l'Himalaya laisse en moyenne une demi-tonne de déchets derrière elle, demi-tonne dans laquelle les autorités népalaises n'incluent pas la dépouille mortelle, abandonnée sur place, des alpinistes imprudents.

En tête des ordures qui jonchent le massif himalayen, on trouve des cadavres de bouteilles, des boîtes de conserve et du papier hygiénique. Au-dessus d'une certaine altitude, on tombe sur du matériel de camping, divers paquetages, des bonbonnes d'oxygène vides et des vêtements de plusieurs sortes laissés *in situ* par les grimpeurs sur le chemin du retour.

L'étendue du désastre est telle que sir Edmund Percival Hillary – l'homme qui vainquit l'Everest en 1953 – a déclaré que l'Himalaya pouvait désormais être considéré comme l'une des plus grandes décharges à ciel ouvert de notre planète peu soignée. Sir Edmund a même demandé que, pendant les cinq prochaines années, on interdise l'Himalaya aux touristes, trekkeurs et alpinistes afin de procéder à l'enlèvement des ordures.

L'idée paraît bonne – et peut-être même applicable à d'autres hauts lieux du tourisme. Pour en vérifier le bien-fondé, un de mes confrères a eu l'idée d'interroger celui qui fut le sherpa de sir Edmund et qui continue à guider des expéditions vers l'Everest. Ce sherpa a entièrement confirmé les propos de sir Edmund. Il a même ajouté : « Lors de ma dernière expédition, j'ai encore vu les bouteilles d'oxygène vides que nous avions abandonnées sur place en 1953. » Comme quoi il n'y a pas d'altitude où l'on ne puisse vérifier la parabole de la paille et de la poutre.

Je vous souhaite le bonjour.

Nous vivons une époque moderne.

Heureux habitants de la Charente et des autres départements français, instruits par les perspicaces constatations de notre Premier ministre, Mme Cresson, sur les mœurs d'une partie notable des Britanniques, il m'est arrivé plusieurs fois de vous mettre en garde contre les dangers du tourisme en Grande-Bretagne. Ce n'est pas une raison pour croire que vous pouvez vous rendre en Turquie l'insouciance au cœur. Pour vous en persuader, nous méditerons ce matin sur le cas de Mlle Wittwer.

Mlle Angelika Wittwer est allemande. Son pays a abrité plus ou moins généreusement un grand nombre de ressortissants turcs. L'un d'entre eux, prénommé Nevzat, a beaucoup plu à Mlle Wittwer et Mlle Wittwer lui a plu pareillement. Poussés par un sentiment partagé, nos tourtereaux germano-turcs se sont mis en ménage, sans toutefois officialiser leur affection mutuelle et réciproque devant une autorité.

Nevzat a eu la touchante idée de faire connaître son pays à Angelika. Comme il est né natif de l'enchanteresse province d'Izmir, Nevzat y a d'abord conduit sa dulcinée. Arrivée dans la ville d'Urla, ils ont pris une chambre au motel Aktur 3. A minuit, la police les y a rejoints sans avoir été invitée.

Les forces de l'ordre ont saisi Angelika et Nevzat et les

ont enfermés séparément dans la prison du lieu. Là, on leur a enjoint de produire un certificat de mariage. Comme ils n'en avaient point, la police a conduit Angelika à l'hôpital. Là, le médecin de garde, qui avait dû lire le serment d'Hippocrate selon la méthode dite « de lecture rapide », le médecin de garde donc a déclaré après examen qu'Angelika avait déjà connu l'homme.

La police, qui est soucieuse du détail, sous toutes les latitudes, a ordonné au praticien de déterminer si Angelika avait connu l'homme cette nuit-là. Le médecin, pas fier, s'est livré à de nouvelles investigations et a répondu qu'à son avis non. Le commissaire a informé Angelika qu'elle échappait ainsi à l'accusation de prostitution. Le commissaire est bon enfant.

Il serait toutefois injuste de passer sous silence que cet incident a provoqué en Turquie les plus fermes protestations. Le président du syndicat turc des travailleurs du tourisme a même déclaré, je cite, « ceux qui tirent de son lit à minuit une touriste pour qu'on vérifie sa virginité ont besoin qu'on vérifie leur cerveau ». A supposer qu'on leur en trouve un, ou qu'il ne soit pas tombé en dessous de leur ceinture.

Je vous souhaite le bonjour.

Nous vivons une époque moderne.

Heureux habitants des Pyrénées-Atlantiques et autres départements français, voilà quinze ans que s'éteignait le regretté président Mao Zedong, dont le petit livre couleur rouge sang a inspiré de nombreux humanistes. Or, non seulement le système de gouvernement mis en place par le feu président Mao tient encore solidement la Chine, mais encore on trouve toujours de par le monde des groupes armés se réclamant de sa pensée. Ainsi en est-il du mouvement guérillero péruvien baptisé « Sentier lumineux ».

L'activité révolutionnaire du Sentier lumineux se partage en deux branches : la branche kidnapping et la branche assassinat. Les deux sont florissantes et, comme toutes les entreprises florissantes dans une économie de marché, elles entraînent dans leur prospérité quantité de petites affaires auxquelles elles créent de nouveaux débouchés.

C'est ainsi que la vente des chiens de défense a vu son chiffre d'affaires croître spectaculairement. Étant entendu depuis Napoléon que la meilleure défense, c'est l'attaque, ce sont les chiens doberman qui sont les plus demandés.

L'industrie de la confection ne reste pas en arrière du mouvement créé par les activités du Sentier lumineux. Elle fabrique aujourd'hui et propose aux chalands pas moins de trente modèles différents de gilets pare-balles, vendus entre 1 500 et 3 000 francs pour les plus bas de gamme et entre 6 000 et 10 000 francs pour les plus perfectionnés.

Il semble que les Péruviens susceptibles d'être assassinés ne soient pas très optimistes quant à une prochaine mise à la raison des guérilleros du Sentier lumineux. On trouve en effet dans certains magasins de Lima des costumes pare-balles dont le prix moyen s'établit aux alentours de 3 500 francs. Toutefois – est-ce parce qu'il est des gens qui aiment jouer au trompe-la-mort ou est-ce parce que le snobisme n'a ni patrie ni frontière ? –, un magasin de Lima offre à sa clientèle un costume pare-balles au prix élevé de 10 000 francs. 10 000 francs ! ? Est-ce parce qu'il assure une protection particulièrement efficace ? Non. C'est parce qu'il est 70 % blindage et 30 % cachemire…

Je vous souhaite le bonjour.

Nous vivons une époque moderne.

Heureux habitants de la Gironde et des autres départements français, vous n'êtes pas sans savoir que, d'après les derniers travaux des savants, on reconnaît l'homme à ce qu'il possède une automobile. Or l'homme appartient à une espèce évolutive. Cela signifie non seulement qu'hier encore il marchait à quatre pattes mais encore que la femme elle-même, qui naguère n'était qu'un morceau de côte surnuméraire, peut accéder aujourd'hui à la possession et même à la conduite des automobiles.

Donc, l'homme et la femme possèdent des automobiles. Tôt le matin et tard dans l'après-midi, ils placent leurs automobiles derrière d'autres automobiles et devant d'autres automobiles avec lesquelles ils restent de longues minutes à l'arrêt sur des chemins baptisés « voies rapides ». On dit alors que l'homme, ou la femme, se trouve « dans le huis clos » de son automobile. C'est là qu'il ou elle écoute la radio. On a découvert récemment qu'il vaut mieux classer les automobilistes en fonction de la radio qu'ils écoutent plutôt que de la taille ou de la marque de leurs voitures. D'ailleurs, bientôt, toutes leurs voitures seront japonaises tandis que toutes leurs radios seront plutôt américaines. Toutes sauf une. Laquelle ? Celle où cause Mlle Martin. Mais revenons à nos automobiles.

Le samedi matin, l'automobiliste met son conjoint à la place du mort, attache sa progéniture sur un fauteuil à progéniture et, sous maintes latitudes, l'automobile conduit toutes ces créatures du Bon Dieu vers le supermarché hypergéant le plus proche. Et se pose alors une grave question : où ranger les automobiles pendant que les créatures du Bon Dieu vont dépenser leurs émoluments dans le superhypergéant. Une seule réponse s'impose : rangeons les automobiles sur des parquinges *ad hoc*. Ad hoc, ça veut dire grands, vu le nombre de visiteurs. Grands, ça veut dire que l'automobiliste qui arrive le dernier doit se transformer en piéton sur une longue distance avant de pouvoir rejoindre le superhypergéant. Or la science a depuis longtemps démontré que l'automobiliste, lorsqu'il doit marcher sur ses pattes de derrière, souffre de troubles du métabolisme, de grogne, de rogne et de mauvaise propension à acheter. C'est pourquoi un superhypergéant de Singapour vient de mettre des mobylettes à la disposition des automobilistes, afin qu'ils ne se détériorent pas en piétons. C'est tout ? C'est tout, mais c'est ainsi qu'Allah est grand.

Je vous souhaite le bonjour.

Nous vivons une époque moderne.

Heureux habitants de l'Allier et des autres départements français, il ne vous a pas échappé que nous avons connu, hier, une journée de vingt-cinq heures. Arrêtons-nous un instant sur ce que cette situation révèle du haut degré de civilisation auquel nous sommes parvenus. Nos pays sont en effet si bien administrés et si bien administrés en toute chose qu'il entre dans le pouvoir de quelques crânes d'œuf de décider s'il convient de donner du temps au temps ou de lui en retirer. Je suis sûr que, rien que pour marquer leur habileté et leur puissance, il trotte dans la tête de quelques hauts fonctionnaires l'idée de nous imposer l'an prochain une journée de vingt-deux heures. Peut-être même de vingt et une heures quarante-sept minutes. Ou de vingt-cinq heures quatorze. Comme ça. D'un coup de *Journal officiel* sur les aiguilles de la pendule. Après tout, cela doit être aussi grisant que de changer les citrouilles en carrosses.

Toutefois, quel que soit leur pouvoir, je crains que nos technocrates changeurs d'heure se soient fait battre à couture assez plate par seize dirigeants de la Sécurité sociale italienne. Ces honorables bureaucrates ont en effet considéré que leur salaire était terriblement insuffisant. Ils se sont donc voté une augmentation annuelle d'environ 700 000 francs. Pour justifier ce gain supplémentaire, les seize dirigeants de la Sécurité sociale italienne ont fait état d'un certain nombre d'heures supplémentaires accomplies, chaque jour, en sus de leur journée légale de travail. Cette journée légale est de six heures. Comme on le voit, cela laisse de la marge pour caser quelques heures de labeur supplémentaires et payées à double tarif.

Dans un excès d'enthousiasme, nos bureaucrates ont jugé cette marge si extensible qu'ils ont décidé de se faire rémunérer pour vingt-trois heures de travail supplémentaires par jour, ce qui permet d'évaluer leur présence au bureau à vingt-neuf heures quotidiennes et consécutives. Reconnaissons que cela laisse assez peu de temps pour dormir.

Le parlementaire italien qui a découvert cette curiosité qu'est la journée de vingt-neuf heures a décidé de saisir la Commission de contrôle des dépenses de l'État. Ce fut en vain. La Commission avait déjà visé et approuvé les comptes de la Sécurité sociale. Le parlementaire s'est donc retourné vers le ministre de la Fonction publique et l'a interrogé sur la durée inusitée des journées de travail à la Sécurité sociale. Le ministre ne lui a pas répondu. Le parlementaire a insisté. L'administration s'est excusée de ne pouvoir satisfaire sa curiosité tout de suite : « Nous manquons de temps », ont déclaré les fonctionnaires. Le parlementaire n'a rien trouvé à répondre à cela.

Je vous souhaite le bonjour.

Nous vivons une époque moderne.

Heureux habitants de l'Indre et des autres départements français, nous sommes plus d'un à déplorer l'affaissement de la moralité publique, l'érosion des vertus civiques et la dilution de la conscience professionnelle de par le monde. Il me revient ce matin la tâche pénible d'ajouter un exemple de légèreté blâmable à la liste, j'en suis sûr déjà longue, de tous ceux que vous avez pu constater par vous-mêmes.

Cet exemple concerne un truand, profession où nous pensions pourtant que s'étaient réfugiés les derniers vestiges de la conscience professionnelle. Hélas ! il n'en est rien. Mon truand, un Nigérian noir opérant en Europe, exerçait avant son arrestation la lucrative spécialité de passeur de drogue. Il y a quelques jours, les douaniers opérant dans le train Munich-Zurich ont eu leur attention attirée par un passager dont l'une des cuisses paraissait deux fois plus volumineuse que l'autre.

Les gabelous ont donc prié notre Nigérian noir de se défaire de son pantalon et ils ont constaté que la cuisse la plus volumineuse était entourée d'un bandage dissimulant de la cocaïne. Pourquoi, vous demandez-vous, au lieu de diviser sa marchandise prohibée en deux parts égales et de les fixer à chacune de ses cuisses afin de leur garder leur symétrie originelle, pourquoi notre passeur s'était-il signalé à l'attention de tous par une seule cuisse éléphantesque ?

Parce que, réponds-je sans crainte, la paresse et le manque de conscience gagnent chaque jour du terrain. Je le dis et je le prouve. Lorsque après avoir délesté le Nigérian noir de son chargement de cocaïne les douaniers lui ont demandé son passeport, celui-ci leur en a tendu un dont ils ont instantanément deviné la fausseté. Il s'agissait d'un passeport étatsunien dont on ne peut même pas dire qu'il était grossièrement imité : le document censé certifier l'identité du passeur nigérian noir portait la photo d'un homme blanc. Est-il nécessaire d'ajouter que non seulement l'homme photographié était blanc, mais encore qu'il paraissait sensiblement plus jeune que notre passeur. Il faudra un jour que je vous adresse une petite causerie sur les méfaits de la coquetterie.

Je vous souhaite le bonjour.

Nous vivons une époque moderne.

Heureux habitants des Ardennes et des autres départements français, c'est bien à tort que l'on accuse la justice de ne pas savoir adapter ses décisions à l'évolution des mœurs. Je m'en vais vous apporter la preuve contraire grâce à l'obligeance d'un auditeur qui m'a fait tenir un jugement rendu par le tribunal civil de la sympathique cité de Châlons-sur-Marne.

Résumons les faits. Un mari souhaitait que les liens légaux l'unissant à sa femme soient dissous aux torts d'icelle, et ce pour deux motifs.

1) Icelle n'était point arrivée au mariage en possession de sa fleur, comme on disait autrefois, entendez que la main de l'homme avait déjà posé le pied sur elle et qu'elle s'était gardée d'en informer son futur époux.

2) Non seulement la rouée était arrivée au mariage non vierge et dissimulant cette turpitude mais encore elle avait depuis retiré un carnet de chèques à la banque de son époux à l'insu de celui-ci et s'était livrée à quelques dépenses.

Le tribunal, dans sa sagesse, a d'abord rejeté le premier grief en ces termes : « L'obligation de sincérité que se doivent les époux avant de contracter mariage ne les oblige pas à révéler à leur futur conjoint les détails les plus intimes de leur vie passée. » Et voilà pour la prise en considération de l'évolution des mœurs que d'ailleurs le tribunal pousse encore plus loin en déclarant : « En revanche, dès lors qu'il est établi que l'épouse a trompé la confiance de son mari en retirant à son insu un chéquier alors que celui-ci seul était titulaire du compte et qu'elle n'avait pas procuration, ce comportement constitue une violation grave et renouvelée des devoirs et obligations résultant du mariage et justifie le prononcé du divorce aux torts de l'épouse. »

Je prie les esprits encore ensommeillés de noter que l'adéquation de ce jugement à nos mœurs n'est pas seulement manifestée par l'importance donnée à des questions d'argent. Le tribunal qui ne s'est nullement étonné que l'on remette un chéquier à une personne qui n'est pas le titulaire du compte correspondant et qui ne détient nulle procuration d'icelui, le tribunal, donc, a manifesté qu'il comprenait que la seule institution qui soit aujourd'hui à l'abri de ses reproches, comme hier l'était l'Église, c'est la banque.

Je vous souhaite le bonjour.

Nous vivons une époque moderne.

Heureux habitants du Var et des autres départements français, je n'ose espérer que vous vous souveniez d'une causerie matutinale que j'ai récemment consacrée à une association qui se propose d'enseigner gratuitement le grec ancien à quiconque le désire. Si j'ai l'audace de me citer moi-même, c'est parce que cette chronique m'a valu au jour d'aujourd'hui pas moins de trente-sept lettres d'auditeurs me demandant de leur communiquer l'adresse de cette noble association.

En ce moment où le service public de la radio se voit attaqué vigoureusement par ceux qui, n'osant pas s'appeler commerciaux, se font baptiser périphériques (du grec *peripheria* qui signifie circonférence), en ce moment, donc, où, comme vous le signalait mardi dans une martiale revue de presse notre directeur suprême M. Ivan Levaï dont je baise une fois de plus les espaces interdigitaux des pieds, en ce moment où des vampires déguisés en machines à sous feignent de se demander à haute voix à quoi sert France-Inter, je suis heureux de leur répondre que France-Inter sert à trente-sept auditeurs à se procurer l'adresse d'une association qui enseigne le grec ancien.

Le grec ancien, bande de périphériques ! La langue d'Aristophane qui écrivait que « c'est de leurs ennemis que les sages apprennent le plus de choses ». La langue d'Homère qui soutenait que « l'habileté du bûcheron vaut bien plus que sa vigueur ». La langue d'Ésope qui avait remarqué que « le propre des méchants est de croire vous faire beaucoup de bien lorsqu'ils ne vous font pas de mal ». La langue d'Héraclite d'Éphèse qui avait observé que « les ânes préfèrent la paille à l'or ». La langue de Thucydide qui pensait que « le sentiment de l'honneur est inséparable de la maîtrise de soi ». La langue d'Isocrate qui avertissait qu'« on ne peut pas faire marcher droit un crabe ».

La langue des Grecs enfin, ô suceurs sans vergogne de mamelles publicitaires, la langue des Grecs que vous seriez avisés d'apprendre vous-mêmes en vue du jour prochain où vous irez vous faire voir chez eux. Et si au lieu de vous faire voir par les Grecs vous préférez vous faire empapaouter par les Druses, bandes de radioteurs mercenaires, vous pouvez compter sur le service public pour vous trouver une association qui vous apprendra gratuitement le druse, voire le papaou.

Je vous souhaite le bonjour.

Nous vivons une époque moderne.

Heureux habitants de l'Eure-et-Loir et des autres départements français, pas plus tard qu'hier, je vous chantais la louange du service public de la radio sous prétexte que l'on y trouve trente-sept auditeurs pour réclamer l'adresse d'une association qui enseigne gratuitement le grec ancien. Là-dessus, sans vouloir vous faire de confidences, je remonte dans mon bureau et j'ouvre mon courrier. Première lettre : un trente-huitième auditeur, heureux habitant de Cachan, me fait savoir qu'il a passé ses vacances en Grèce, que le pays lui a plu et que les habitants l'ont enchanté et que, du coup, il voudrait, pour mieux comprendre leur civilisation, apprendre la langue des anciens Hellènes.

Bon, me dis-je à part moi, ça continue. Et j'ouvre une deuxième lettre. Son auditeur m'écrit des choses aimables au motif que j'ai fait connaître l'existence de « Connaissance hellénique » et il ajoute : si ces professeurs de grec bénévoles, leurs étudiants, ne sont sans doute guère nombreux, il y a encore moins nombreux qu'eux, nous. Qui ça, nous ? Nous, l'association « Session des langues bibliques ». Et que diable enseigne cette association ? L'ancien hébreu, ça va de soi, l'araméen, le copte, le syriaque, l'arménien et aussi l'ancien grec. Et ce n'est pas tout : cette année l'association « Session des langues bibliques » se réjouit fort d'une nouveauté. Quelle nouveauté ? La mise à la disposition de ses membres de la traduction en syriaque du livre de Patrick Sabatier ? Pas du tout. L'adaptation en araméen des aventures du commissaire Navarro ? Pas davantage. Cette année, l'association se réjouit d'avoir un nouveau cours de langue morte, l'ancien éthiopien.

Il est donc avéré que les auditeurs du service public de radiophonie se composent des variétés les plus diverses d'individus dont seulement une faible partie est accessible aux sondeurs, marketingeurs et autres mesureurs de crânes avec des pieds à coulisse. Et, je ne sais pas si vous partagez cette opinion, mais le fait de savoir que pendant le week-end qui commence ce soir une poignée de nos compatriotes va potasser sa grammaire copte et réviser les conjugaisons syriaques au lieu de trottiner dans les sous-bois dans un survêtement fluorescent, eh bien cela me donne une vue de l'espèce humaine plus agréable que lorsque j'aperçois un programme de TF1.

Je vous souhaite le bonjour.

Nous vivons une époque moderne.

Heureux habitants de la Martinique et des autres départements français, ça n'est pas pour me vanter, mais voilà lurette que je ne vous ai pas entretenu du Japon. J'ai eu tort, il ne faut jamais se désintéresser trop longtemps de l'empire du Soleil-Levant, et si nous avons parfois l'impression que la plupart des produits d'usage courant sont promis à la nipponification, il me revient le pénible devoir de vous informer que le Japon s'intéresse aussi aux produits d'usage pas courant du tout.

C'est dans cet esprit que Kenji Kawakami, éditeur d'un mensuel tokyoïte, a lancé un concours d'idées. Ses lecteurs sont invités à envoyer au magazine les plans d'une invention dont ils sont les auteurs et qui pourrait faire l'objet d'une fabrication en série. Kenji Kawakami a déjà reçu des inventions prometteuses. Par exemple, une sorte de couteau suisse pour le jardinage qui abrite dans le même manche une binette, une pelle et un râteau. Ou alors un ongle amovible qui se place sur le pouce et permet de peler les oranges ou les pommes. Et aussi une cravate munie de poches permettant de ranger ses cartes de crédit.

On peut également trouver dans la liste de M. Kawakami des inventions plus curieuses que nécessaires : des chaussures très habillées noires sans semelles pour ceux qui aiment garder le contact direct avec le sol ; ou un portemanteau que l'on s'attache dans le dos et qui permet d'accrocher des vêtements que l'on veut faire sécher pendant que l'on marche ou que l'on fait de la bicyclette. Mais l'invention la plus perplexifiante est à mon point de vue celle d'un flash pour appareil photo qui fonctionne à l'énergie solaire. Ça a l'air idiot, ça l'est probablement, mais tel est le pouvoir d'intimidation de l'industrie japonaise que je me demande si je ne vais pas en acheter un. Quoique je n'aie pas d'appareil.

Je vous souhaite le bonjour.

Nous vivons une époque moderne.

Heureux habitants de l'Ille-et-Vilaine et des autres départements français, ce siècle qui s'achève aura été celui de la conquête de toutes sortes de droits sociaux et, comme vous n'êtes pas sans le savoir, les pays du Nord de l'Europe figurent en cette matière parmi les plus avancés. En Suède, par exemple, la loi accorde aux nouveaux parents un congé de douze mois payé à 90 % du salaire. Le père et la mère ont la faculté de décider celui des deux qui restera s'ennuyer au logis en attendant le premier areu et en faisant chauffer le sixième biberon.

Comme cette mesure sociale a été prise il y a déjà lurette, le gouvernement suédois a fait procéder à une étude sociologique afin d'en mieux connaître l'application et les effets. Il en est ressorti que si 96 % des mères profitent du congé parental libéralement offert par la loi, seuls 46 % des pères cessent de travailleur peu ou prou pour se consacrer à l'élevage de leur progéniture. Le gouvernement suédois social-démocrate a très mal accueilli les résultats de l'étude. L'objectif de ses technocrates était que 66 % des pères acceptent de consacrer plusieurs mois à leur tâche de géniteur en profitant de ce congé. Devant ce qu'il faut bien appeler les réticences des papas, les sociaux-démocrates ont décidé : 1) de lancer en 1992 une vaste campagne d'incitation à profiter de ce congé, 2) d'établir à partir de 1993 un système de quotas qui oblige les nouveaux pères à prendre le congé prévu par la loi. Là-dessus, les sociaux-démocrates ont reçu des électeurs l'autorisation impérative de prendre un congé prolongé. Je ne dis pas qu'il y ait un rapport de causalité absolument direct, mais quand même, à force de faire traverser la rue à des gens qui ne voulaient pas changer de trottoir, est-ce qu'on ne finit pas par leur faire craindre que tout ce qui est laïc et gratuit ne finisse par devenir obligatoire ?

Je vous souhaite le bonjour.

Nous vivons une époque moderne.

Heureux habitants de la Charente-Maritime et des autres départements français, l'homme, surtout l'homme des villes, a de moins en moins besoin de sortir de chez lui. S'il veut savoir quel temps il fait, il n'a qu'à écouter Météo France. Si la faim, petite ou grande, lui gratouille le tube digestif, il lui suffit d'appeler un fabricant de pizza ou un traiteur plus sophistiqué et, dans la demiheure, un coursier aux pieds ailés lui porte des aliments qui, sans être délicieux, sont au moins de nature sustentatrice. S'il a besoin de savoir ce qui se passe dans le vaste univers, l'homme n'a qu'à tourner le bouton de sa radio et nous ne lui cacherons rien. S'il n'en croit pas ses oreilles et qu'il souhaite ne pas en croire ses yeux, il n'a qu'à prendre la peine d'allumer son téléviseur. Si, pour se détendre du spectacle des malheurs du monde, il lui prend fantaisie de jouer une partie d'échecs, en rien de temps il se fera piler par un ordinateur parfois doté d'une voix artificielle et sardonique. Je me suis même laissé dire que, si une brusque poussée de rêve entraîne l'homme dans les zones agitées du désir, il n'est que de frotter son Minitel pour voir apparaître une créature abandonnée aux mêmes pulsions.

Et si l'homme est une femme, ce qui, reconnaissons-le, arrive un peu plus d'une fois sur deux, et qu'elle se trouve en mal d'enfant, n'est-on pas en mesure de lui livrer bientôt à domicile une éprouvette de semence congelée qu'un bref séjour dans le micro-ondes rendra propre à l'insémination ?

Mais, direz-vous, ni l'homme ni la femme ne se peuvent réduire à leurs besoins matériels : ce sont aussi des êtres spirituels, qui sont parfois brutalement aspirés vers les hauteurs de la métaphysique et attirés par les consolations de la religion. Eh bien désormais, aux États-Unis, l'homme peut entendre le pape sans quitter son domicile. Par téléphone et pour la bagatelle de 12 francs la minute, l'Étatsunien a maintenant accès à des enregistrements en anglais et en espagnol réalisés par Sa Sainteté en personne et renouvelés tous les trois jours. Voilà donc le summum du progrès : la bénédiction *urbi, orbi* et au lit !

Je vous souhaite le bonjour.

Nous vivons une époque moderne.

Heureux habitants de l'Hérault et des autres départements français, ça n'est pas pour me vanter, mais si vous êtes fatigués, si vous éprouvez un chagrin ou si des soucis vous affectent, je suis en mesure de vous prendre la main pour vous conduire sur la voie du soulagement, voire du bonheur. En effet, une auditrice sachant auditer et résidant à Tourrettes-sur-Loup dans le département des Alpes-Maritimes me fait tenir, pour que je vous en livre la moelle substantifique, des pages de réclame qu'elle a découpées dans un journal qui vend les programmes de la télévision et qui, notons-le au passage, se trouve malgré tout en vente libre.

Dans son numéro du 13 octobre, cette publication contient une photo prétendue scientifique. Cette photo scientifique représente un caillou duquel semble partir des rayons. Le tout est bleuté, probablement par un artifice de tirage censé conférer un aspect mystérieux au caillou. Il faut dire que ce caillou a bien besoin d'un aspect mystérieux vu que « la Pierre du Nord » – c'est son nom – va libérer l'énergie qui est en vous et vous ouvrir les portes du succès. En atteste le témoignage d'une dame N. qui déclare avoir traversé un passage à niveau fermé avec son automobile et être sortie indemne de ce fâcheux accident grâce à la Pierre du Nord. Cela rend ce minéral intéressant, mais peut-être, comme moi, préféreriez-vous un talisman plus efficace encore et qui vous évite de vous jeter sur les barrières des rares passages à niveau qui subsistent en France.

Qu'à cela ne tienne. Le même journal vous offre la protection de Donna Laetizia qui se propose de vous envoyer son « carré magique » que jusqu'ici, je cite, « elle réservait aux personnalités politiques, sportives et du spectacle ». Donna Laetizia vous demande seulement de lui dire si vous voulez gagner au jeu, avoir un meilleur travail (pourquoi faire, si je peux gagner au jeu ?), avoir de la chance en tout, trouver l'amour (ce à quoi, comme Mlle Martin et moi le savons, la chance ne suffit pas), ou encore rencontrer le bonheur familial (ce qui dans l'esprit de Donna Laetizia n'a que peu à voir avec l'amour).

Si jamais vous doutez du « carré magique » pour trouver l'amour, la philanthropique publication dont je vous cite des déchets vous offre, en échange de 287 francs, un produit dont je ne vous dis que ça. Que ça et qu'il permet si vous vous en vaporisez quelques gouttes sur le corps d'envoûter un homme, une femme ou… Non, ou rien. Seulement un homme ou une femme. Ce produit nommé Bio-Attraction est né de la découverte des causes de l'attirance sexuelle par stimulation des centres érotiques. Il provoque, je cite, « un appel charnel évident et, dans certains cas, de véritables coups de foudre », fin de citation. En plus, je recite, « Bio-Attraction est favorable à l'équilibre du couple ».

Je ne doute pas que ces trois réclames vous allèchent, mais laissez-moi vous dire qu'une quatrième mérite toute votre attention. « Savez-vous, dit cette réclame, que de vraies armes sont encore en vente libre ? » Et, en dessous, on peut voir un revolver baptisé Python 35

Trooper. Une arme qui, si j'ai bien compris, peut permettre à tous ceux sur qui la Pierre du Nord, le carré magique et la Bio-Attraction n'ont eu aucun effet d'aller manifester leur mauvaise humeur au directeur de la publication qui diffuse ces attrape-couillons. Mais, je vous préviens, si vous dites que c'est moi qui vous ai soufflé l'idée, je nierai tout. De toute façon, je suis protégé. Je connais personnellement Ivan Levaï et je porte la bague de Danièle Gilbert.

Je vous souhaite le bonjour.

Nous vivons une époque moderne.

Heureux habitants de la Seine-Maritime, autrefois Inférieure, et des autres départements français, il me revient que certains parmi vous voient arriver le grand marché européen avec la crainte qu'une certaine uniformisation recouvre nos modes de vie de son sombre manteau et que nos différences nationales se diluent progressivement. C'est dans le dessein de rassurer ceux qui partagent ces craintes que je suis ici ce matin. Je détiens en effet la preuve que, sous une apparente standardisation, nos particularités survivent à l'européanisation des règlements.

Cette preuve est imprimée sur l'emballage d'un produit alimentaire – en tout cas présenté comme tel – et dont les principes du service public m'obligent à taire le nom. Comme les lois de l'Europe lui en font l'obligation, le fabricant en indique exhaustivement les composants. Il le fait en cinq langues : le français, l'espagnol, l'italien, l'anglais et l'allemand. En français, voici la liste des ingrédients concernés et pardonnez-moi si vous êtes à table : sucre, graisses végétales partiellement hydrogénées, farine de blé, eau, produit aux œufs, lait écrémé en poudre, cacao maigre, stabilisant E 420, sirop de glucose, amidon, alcool, amandes, émulsifiants E 471 et E 322, sel, gélatine, arômes artificiels.

Évidemment, cette énumération ne permet pas de reconnaître les caractéristiques de la cuisine d'aucun des pays d'Europe. Mais si vous avez la curiosité d'examiner cette liste d'ingrédients dans chacune des langues utilisées par l'empoisonneur qui usine la chose, vous apprécierez de subtiles et pourtant fortes nuances.

Ainsi ce qui est désigné en français comme « arômes artificiels » est appelé en espagnol « aromas autorizados », c'est-à-dire arômes autorisés. C'est déjà une façon prudente de ne pas se prononcer. Mais, en italien, on ne parle ni d'arômes autorisés ni d'arômes artificiels, ils sont devenus « aromi naturali », c'est-à-dire naturels. Un esprit grincheux serait tenté d'en conclure que les Italiens prennent des libertés avec la vérité. Cela n'est pas faux, mais que dire alors des Anglais ? Dans leur langue il n'est question ni de naturel, ni d'artificiel, ni d'autorisé, mais simplement de « flavouring », c'est-à-dire d'arômes. D'où viennent-ils ? Quelle est leur nature ? De quoi sont-ils composés ? Mystère et boule de gomme. Les disciples de Mme Cresson diront sans doute que cette absence de qualificatif est symptomatique de l'hypocrisie des fils de la Perfide Albion. Restons aimables et voyons-y plutôt un exemple de la merveilleuse concision de la langue anglaise.

Je vous souhaite le bonjour.

Nous vivons une époque moderne.

Heureux habitants du Loiret et des autres départements français, qu'y a-t-il de plus salubre qu'un bon canular, que l'une de ces mystifications farceuses que Jules Romains a dépeint dans *Les Copains* d'une plume potachière ? L'habitude s'en est un peu perdue et c'est pourquoi j'ai lu avec volupté l'aventure de trois jeunes Napolitains, Lelio, Pierluca et Maurizio, tous trois graphistes de leur état. C'est Lelio qui a commencé. Un jour qu'il déchirait un morceau du rouleau de papier sur lequel sa calculatrice électronique venait d'imprimer une opération, il eut l'œil attiré par les dentelures produites par la barre de coupe. Elles lui semblèrent identiques à celles des timbres postaux émis par la république italienne.

Pourquoi ne pas fabriquer quelques faux timbres, proposa-t-il à Pierluca et à Maurizio, non pour s'enrichir mais pour le plaisir de dire une ou deux énormités et de voir comment réagirait la poste. Ce qui fut dit fut fait.

Au printemps 1990, notre trio s'expédia une lettre affranchie avec un faux timbre à 750 lires représentant une jeune femme dans le huis clos de sa salle de bains et précisant « 1990 : commémoration de l'invention de la douche ». Suivit une série de vignettes toutes conçues sur le même modèle : une image bizarre et une inscription absurde : à l'époque où le réseau d'adduction d'eau de Naples rendit l'âme circula le timbre « Semaine napolitaine de l'eau pourrie et fangeuse ». Vint après lui la vignette « Célébration du bicentenaire de la mafia ». Puis « Redressons la tour de Pise » ou encore « Sauvons le porc de la disparition ».

Plus les timbres passaient au nez et à la barbe des postiers plus le texte qu'ils portaient devenait provocateur. En janvier dernier, une vignette proclamait « Oui au nucléaire en Irak ». Suivirent « Non à l'oblitération automatique des timbres » et enfin « Attention aux faux timbres, celui-ci pourrait en être un ».

C'est à ce moment-là que la farce se retourna contre Maurizio, Lelio et Pierluca : parce qu'ils furent pris ? Pas du tout. Parce que, au bout d'un an et plus de faux timbres traités comme des vrais par les postes italiennes, l'ennui les gagna au point qu'ils décidèrent de se dénoncer eux-mêmes. Avant de renoncer, toutefois, ils émirent un dernier timbre portant leurs trois portraits et l'inscription : « C'est fini, ils sont sous les verrous. » Sous les verrous, ils ne sont pas et ils publieront même un livre illustré sur leur expérience de faussaires canularesques dont ils ne gardent que de bons souvenirs, sauf la déception de vivre dans une société si désordonnée que l'idée de démêler le faux du vrai y constitue en elle-même un canular.

Je vous souhaite le bonjour.

Nous vivons une époque moderne.

Heureux habitants de la Côte-d'Or et des autres départements français, le changement politique, c'est comme les déménagements. On perd toujours quelque chose au cours de l'opération. Quelque chose ou quelqu'un. Par exemple, quelqu'un comme Lev Kerbel, malheureux habitant de l'ex-Union soviétique. Et pourquoi malheureux ? Parce que l'activité professionnelle à laquelle Lev a voué son existence a perdu son sens en même temps que son avenir. Le dernier des fruits de son labeur a été récemment maculé, dégradé, souillé même, par des gens dont Lev Kerbel dit « ce sont de purs hooligans ».

« C'est l'influence de l'alcool et les conséquences de la consommation de drogue, poursuit-il. On ne peut rien faire. » Et, dans ses propos, on sent le désarroi d'un homme qui voit aujourd'hui ridiculiser un métier qu'il a si bien exercé qu'on l'a décoré de l'ordre de Lénine, fait héros du travail socialiste et qu'il a obtenu dans Moscou une maison individuelle de deux étages !

Bien sûr, on lui laissera sa maison et on ne lui fera aucun mal. Bien sûr, il a gagné assez d'argent pour finir ses jours à l'abri du besoin, d'autant plus que sa production s'exportait très bien. Surtout en Allemagne de l'Est et à Cuba. Mais, à 74 ans, Lev Kerbel se sentait toujours d'attaque et prêt à satisfaire toutes les commandes. Or, des commandes, il n'y en a plus. Lev arrive seulement à écouler son stock, et encore à des Américains. Ils paient en devises, d'accord, mais à la façon qu'ils ont de regarder les produits de Lev Kerbel qu'ils viennent acheter, on voit bien qu'ils ne les méritent pas, qu'ils vont en faire un mauvais usage. Quand ils examinent les différents articles que Lev Kerbel a en stock, ils arborent un sourire en coin qui traduit leur incompréhension et leur arrogance capitaliste. Enfin ! Lev leur vend ce qu'ils veulent. Mais quand même, il n'en croit pas ses yeux : à Moscou, aujourd'hui, il n'y a plus que des Américains pour acheter à Lev Kerbel les statues de Lénine dont il est le sculpteur le plus renommé. Comment dit-on en russe « nous vivons une époque moderne, camarade » ?

Je vous souhaite le bonjour.

Heureux habitants des Alpes-Maritimes et des autres départements français, je suis sûr que vous n'êtes pas sans vous souvenir du récent débat qui a suivi la proposition de M. Giscard d'Estaing de n'accorder la nationalité française qu'en vertu du seul droit du sang. Un auditeur qui compte parmi les heureux habitants de la Gironde me fait tenir une coupure de journal qui relate une émouvante prise d'armes qui vient d'avoir lieu sur une base aérienne de sa région. Cette cérémonie, qui a débuté par une démonstration de la patrouille de France, s'est poursuivie par une remise de décorations à quatre officiers aviateurs.

Et de quels exploits s'étaient montré capables ces valeureux militaires habillés en soldats pour que la République les médaille ? Eh bien, ils ont ni plus ni moins participé très activement à l'opération Daguet menée contre les troupes de l'infâme tyran de l'Irak. Tout cela est donc dans l'ordre des choses et vous vous demandez pourquoi je vous tympanise avec cette information. C'est rapport au nom patronymique des officiers décorés pour avoir défendu notre drapeau en cette occurrence. Pour l'un d'entre eux, rien à signaler, son nom de famille fleure bon notre terroir, mais pour les trois autres, aïe, aïe, aïe. Il y a un commandant Carlos Martinez, un lieutenant Pierre Chicha et un capitaine André Negulski. Et ce n'est pas tout. Non seulement la France a été défendue par un commandant Carlos Martinez mais encore celui-ci vient d'être nommé à la tête du 4ᵉ escadron de la 11ᵉ escadre de chasse, poste où il succède à un lieutenant-colonel nommé Fresko.

Félicitons-nous que ces braves gens ne soient pas morts pour la France car, si tel avait été le cas, je crains fort qu'un sang impur n'eût abreuvé les sillons.

Je vous souhaite le bonjour.

Nous vivons une époque moderne.

Heureux habitants de la Loire et des autres départements français, sans doute avez-vous déjà entendu parler du mouvement « Politically correct » qui se développe aux États-Unis. Au départ, il s'agissait de lutter contre les discriminations raciales, puis contre les discriminations de toutes sortes. Mais, avec l'enthousiasme qui caractérise certains Étatsuniens dès qu'il s'agit de moraliser son prochain, les tenants de ce mouvement se sont mis à traquer les moindres actes, gestes ou propos qui pourraient prêter à une interprétation en termes de discrimination.

C'est ainsi qu'il a d'abord considéré comme intolérable de parler de Nègre. Le mot acceptable était Noir. Puis Noir fut mal considéré et on dut employer le mot personne de couleur. Mais, comme cela sous-entendait que les Blancs n'avaient pas de couleur, c'est aujourd'hui l'expression Afro-Américain qui est en passe de tenir le haut du pavé. Dans le même esprit, il est recommandé de ne pas parler d'Indiens ou, pire encore, de Peaux-Rouges mais d'Américains aborigènes.

Poussant plus loin cette logique, un groupe d'activistes déploie une grande énergie pour que certains adjectifs soient considérés par les tribunaux comme des injures. Par exemple, ils demandent que soient rangés parmi les termes offensants des mots comme nana, poupée ou poule, lorsqu'ils sont utilisés pour parler d'une femme, les adjectifs comme « sculpturale » ou « squelettique » et même « rouquine », car aucun mot utilisé ne doit souligner une quelconque caractéristique de la personne dont on parle sous peine d'être soupçonné de vouloir la dévaloriser aux yeux des autres ou à ses propres yeux.

En France, il y a déjà un moment que, faute de se préoccuper réellement des problèmes des sourds ou des aveugles, nous les appelons mal-entendants ou mal-voyants, ce qui doit leur faire la jambe non laide. Aux États-Unis, non seulement on utilise obligatoirement ces nouveaux substantifs, mais il est totalement défendu de prendre prétexte de la surdité ou de la cécité d'un candidat à un emploi pour lui refuser le poste auquel il prétend. J'ai ainsi sous les yeux le manuel qu'un grand cabinet d'avocats new-yorkais remet à ceux de ses employés qui sont chargés de faire passer les entretiens d'embauche. Tout le problème avec les aveugles et les sourds, au cas où il s'en présenterait, est de ne jamais mentionner leur infirmité, pardon leur particularité, pardon leur situation, afin de ne pas être cité devant un tribunal et condamné pour discrimination. On s'en tirera donc en posant aux aveugles la question suivante : « Comment vous arrangerez-vous pour lire les documents professionnels ? » et aux sourds : « Comment vous arrangerez-vous pour recevoir les coups de téléphone professionnels ? »

Je ne veux pas dire que le procédé est hypocrite, mais je ne jurerais pas qu'il ne soit pas non-franc !

Je vous souhaite le bonjour.

Nous vivons une époque moderne.

Heureux habitants du Tarn et des autres départements français, on racontait en Yougoslavie, à l'époque du regrettable Tito, une blague subversive en forme de devinette. Quelles sont les trois choses les plus nuisibles au monde ? La presse dans les pays communistes, les syndicats en Yougoslavie autogérée et les testicules du pape. Je prie les âmes sensibles et papistes de m'excuser, mais telle était cette blague. On peut aujourd'hui remplacer avantageusement les syndicats en Yougoslavie par « les cessez-le-feu en Yougoslavie » puisqu'on continue bravement d'y massacrer les Croates en feignant de croire qu'ils ne sont qu'un ramassis d'Oustachis nostalgiques de Hitler, ce qui confirme que plus les mensonges sont gros, mieux ils passent.

Quant au pape, il y a du nouveau si l'on en croit un prélat espagnol, Mgr Ramon Torella, archevêque de Tarragone, dans le nord-est du pays. Sa grandeur l'archevêque, sortant d'une réunion de la Commission permanente épiscopale espagnole, s'est en effet lancé dans un éloge d'abord appuyé puis nettement dithyrambique du Saint-Père. Mgr Ramon Torella a particulièrement insisté sur le courage de Jean-Paul II, rappelant que la pape n'a pas craint d'aller prier dans des temples luthériens ou à la synagogue de Rome. Emporté par son enthousiasme, l'archevêque de Tarragone a conclu, je cite : « Si le pape Jean-Paul II était né en Espagne, il ne serait pas entré dans les ordres, il serait devenu torero. »

Dans cette comparaison, on peut évidemment contester que les luthériens et les juifs soient assimilables à des quadrupèdes herbivores cornus, comme Belzébuth, ou que leurs temples soient considérés comme des arènes, mais on peut aussi se demander ce qui se passera lorsque cet infatigable globe-trotter qu'est Jean-Paul II viendra à Tarragone concélébrer une messe avec son martial archevêque. Craignons que lorsqu'il prononcera l'*Ite missa est*, Mgr Torella ne lui réponde : « ¡Ole ! » ou, pire, ne le montre aux fidèles en s'exclamant : « ¡Hombre ! ¡Tiene cojones ! » comme on fait à Madrid pour les combats de la San Isidro.

Je vous souhaite le bonjour.

Nous vivons une époque moderne.

Heureux habitants francophiles et phones de la Grande-Bretagne qui êtes plus d'un à écouter France-Inter si j'en crois le courrier estampillé avec la bobine de Sa Majesté Gracieuse, et vous, heureux habitants des départements français, quelle est d'après vous la dernière innovation de l'industrie horlogère helvétique qui fait la pige à son homologue nippone ? Eh bien, je vous le donne en mille : c'est une montre à bon marché qui existe en trois modèles de trois couleurs différentes : bleu, bordeaux et noir. Vous me direz que des montres à bon marché, les Suisses en produisaient déjà moult. D'accord, mais ces moult-là étaient en général multicolores, voire néo-psychédéliques. Cette fois-ci, il s'agit de montres sobres, classiques, genre communion solennelle. Ah ! Et l'innovation réside-t-elle uniquement dans ce retour aux bonnes vieilles mœurs ? Nenni. Elle tient également au fait que ces montres sont dépourvues de toute espèce de quartz et fonctionnent avec le brave rotor qui équipait déjà la tocante de votre aïeul. Ainsi en a décidé une étude auprès des acheteurs de montres qui a mis en évidence leur désir de retrouver les bons vieux produits d'autrefois.

Et aux États-Unis, savez-vous quelle est la dernière innovation des hypermarchés où chacun peut entrer et bourrer son chariot de céréales, d'enregistrements du quintette avec clarinette de Mozart, de tourniquettes à faire la vinaigrette, de pommes de terre précuites, de riz prédigéré, d'aliments pour chats à base de vieux chiens, d'aliments pour chiens à base de différents déchets, de culottes affriolantes, de poudre à récurer, de chaussettes extensibles, de cannes à pêche, d'autoradios, de couteaux à huîtres, de langues de belle-mère, de matelas pneumatiques, de feutrine à patins, de rouges à lèvres biodégradables et, après avoir poussé tout ça jusqu'à la caisse, en régler le prix avec une carte en plastique ? Eh bien, la dernière innovation des hypermarchés américains tient à une enquête qui montre que 90 % – 90 % – de leurs clients qui viennent à l'hypermarché pour payer moins cher sont prêts à payer plus cher si on leur fournit pour les conseiller dans leurs achats... devinez quoi : une vendeuse, c'est-à-dire quelqu'un que, comme leurs grands-parents, ils pourraient trouver dans n'importe quelle boutique traditionnelle.

Les Suisses refabriquent des montres à remontoir et les Étatsuniens réinventent le petit commerce et il y en a qui prétendent que nous vivons une époque moderne !

Tiens, je préfère vous souhaiter le bonjour.

Heureux habitants du Calvados et des autres départements français, ça n'est pas pour me vanter, mais, plus européen que votre serviteur, même à Bruxelles dans le bureau de M. Delors, vous n'en trouveriez pas. C'est pourquoi je consacre dès que je le peux une causerie matutinale à propager tout ce qui permet de mieux se connaître entre douze. Or, dans les douze, on ne le dit pas assez souvent, il y a le petit mais vaillant Portugal que nous avons trop tendance à ne connaître que parce qu'il exporte des porteuses de valize ane cartonne qui chante plus fort que l'achpirador mais pas toujours beaucoup mieux. Ceci est injuste. Le Portugal est le pays du fado, celui qui donne des frissons dans la moelle épinière quand il est chanté par Amalia Rodrigues ou Fernando Machado Soares. C'est aussi le pays d'un très vivant folklore que des groupes courageux essaient de faire connaître aux onze autres membres de la CEE. Ainsi en est-il du groupe « Os esticadinhos » qui vient de Cantanhede, au nord-ouest de Coimbra.

Sous l'égide de la Communauté, ce groupe parcourt lesdits onze autres. Pour se faire connaître, il a fait fabriquer un prospectus où il se présente dans notre langue. Voilà ce que ça donne. Je cite : « Nous sommes un groupement de folklore avec 53 années d'existence. Nous sommes venus de lointain pour vous apporter avec nos danses et nos chansons toute la profondeur de l'esprit populaire des gens portugaises. Nous sommes à commémorer et nous continuerons jusqu'au 2000 le geste héroïque de nos ancêtres qui sous l'orientation du Prince Henri ont donné des nouveaux mondes au Monde.

« En plaçant nos pieds à ce pays ami, nous salutons fraternellement son peuple et nous croyons notre présence ici pourra contributer pour un plus profond étroitement des liaisons d'amitié entre nos deux patries. » Fin de citation.

Je non savoir si cette traductionnement avoir fabriqué les interprètes traductionnistes de la Communauté, mais si c'être la situation, le trou entre les douze pays être beaucoup chanceux d'être beaucoup profond et pas considérable étroitement.

Je vous bonjour beaucoup !

Nous modernons l'époque vécue.

Heureux habitants de l'Yonne et des autres départements français, le fast-food constitue un mode d'alimentation dont les gastronomes, les gastro-entérologues, les sociologues et les philanthropes ont abondamment analysé le caractère déplorable, vénéneux et primitif. A leurs commentaires impitoyables vient désormais s'ajouter le jugement d'un rabbin de Tel-Aviv : en plus de toutes ces abominations, le fast-food rend enceintes les jeunes filles non mariées. Le fast-food et, plus précisément, la pizza. Tel est le point de vue du rabbin Moshe Landau, pasteur traditionaliste de la traditionaliste communauté du traditionaliste quartier de B'nei B'rah.

Jusqu'à présent, le rabbin Landau avait réussi à maintenir l'ordre dans sa communauté : défense de regarder la télévision, car on y voit des spectacles obscènes ; défense d'aller au cinéma, car on y voit des spectacles obscènes ; défense de placer des mannequins à la devanture d'un magasin, car ils constituent un spectacle obscène. Défense d'ouvrir une pizzeria, non parce que la pizza est une nourriture obscène, mais parce que, dans une pizzeria, les deux sexes sont amenés à se rencontrer et même à séjourner dans la même pièce le temps de manger leur éponge tomatée. Le parfum sulfureux que le traditionaliste rabbin a vaporisé sur cet aliment infâme a provoqué de telles titillations chez ses ouailles que, lorsqu'un jeune homme de 27 ans, Benny Farhash, s'est enhardi à ouvrir une pizzeria au début de l'année, il a vendu 340 portions par jour. « Les gens, a dit Benny Farhash, étaient aussi excités que si Madonna avait descendu la rue en sous-vêtements. »

C'est alors que le rabbin Landau a écumé, tempêté, puis fulminé. « Dans d'autres quartiers habités par des communautés traditionalistes, a-t-il déclaré en substance, certains de mes confrères ont autorisé la fréquentation des pizzerias à condition que des tables soient réservées à chacun des sexes et qu'elles soient séparées par une cloison. Mais les jeunes gens ont lancé des billets aux jeunes filles par-dessus cette cloison et des liaisons ont commencé ainsi, qui ont fini par le déshonneur de ces jeunes filles. » Et il a fait apposer dans la pizzeria l'affiche suivante :

« Conformément aux instructions rabbiniques, les pizzas vendues dans cet établissement ne peuvent être consommées qu'au domicile de l'acheteur. Sous aucun prétexte, elles ne peuvent être mangées dans l'enceinte du magasin. »

Étant un brave homme, le propriétaire de la pizzeria a accepté de placarder cette affiche. Mais, étant un brave commerçant, il a ouvert à l'arrière de son magasin, et à l'abri des regards, une salle où les deux sexes peuvent s'asseoir pour déguster l'immonde objet de leur convoitise. C'est ainsi que le rabbin Landau a accompli un miracle : celui de donner à un aliment insipide la saveur pimentée du péché.

Je vous souhaite le bonjour.

Nous vivons une époque moderne.

Heureux habitants du Vaucluse et des autres départements français, vous avez sans doute remarqué que, depuis quelques années, nous ne nous satisfaisons plus d'un objet qui ne remplit que sa fonction. On trouve ainsi dans le commerce des agendas qui servent également de calculette, des lampes de chevet qui comportent un cendrier, ou des montres qui peuvent marquer les points au bridge et au tennis. Nous aurons sans doute bientôt le magnétoscope qui grille le pain de mie et même la baguette, et peut-être la télévision qui fait aquarium. En attendant cet heureux temps, ça n'est pas pour me vanter, mais j'ai reçu un prospectus qui propose un stylo-montre. Que nous chantez-vous là, chroniqueur matutinal mais retardataire, des stylos-montres, voilà une sacrée lurette qu'on en trouve sur le marché, au moins depuis que les premiers films de James Bond ont mis le gadget à la mode.

Ne vous emballez point, auditeurs prompts à la critique, ce stylo-montre-là ne donne pas seulement l'heure : il la proclame. Un écran à cristaux liquides – j'adore cette expression ; je n'ai pas la plus minime idée de ce que peut bien être un cristal liquide, pas plus qu'un gaz solide ou un fluide dodécagonal, et d'ailleurs il semble bien que le cristal liquide n'aille jamais seul puisque l'on emploie toujours à son propos le pluriel, mais revenons à nos moutons. Un écran, donc, à cristaux liquides donne l'heure en permanence à hauteur du capuchon du stylo, et, si l'on pousse un petit bouton situé à l'extrémité de l'engin, c'est une voix qui indique, en français, à quel point exact en est le jour dans sa fatale progression. J'ajoute que, si j'en crois le prospectus, en gardant le bouton enfoncé, l'utilisateur entendra le chant du coq. Je souhaite bien du plaisir aux instituteurs qui devront instruire des enfants à qui on aura offert ce stylo pour leur communion. Mais revenons à notre montre. La publicité pour ce stylo est mal conçue. Mettons que cet instrument affiche 7 : 45. En poussant le bouton à son extrémité, une voix dit 7 heures 45 minutes : cela fait de cet engin le premier stylo pour analphabètes. Et à quoi peut servir un stylo à un analphabète, chroniqueur matutinal et incohérent ? Je n'en sais rien. Demandez à Paul-Loup Sulitzer.

Je vous souhaite le bonjour.

Nous vivons une époque moderne.

Heureux habitants de la Sarthe et des autres départements français, mes bien chers frères et mes bien chères sœurs, vous connaissez sûrement la chanson :

Les cardinaux dans leur robe rouge
Boivent du blanc mais préfèrent le rouge

Et pourquoi n'en boiraient-ils pas
Puisque Notre Seigneur ne le défend pas ? (bis)

J'ignore si l'on a chanté ce pieux couplet l'autre samedi à Cocconato d'Asti, en Italie, mais, assurément, on aurait pu. Dans cette cité vinicole étaient en effet réunis des prêtres, des prélats et des œnologues pour un séminaire intitulé « Le vin sur l'autel » et consacré à la qualité du vin de messe. Le cardinal Angelo Sodano, qui n'est rien moins que secrétaire d'État du Vatican, avait envoyé un télégramme exprimant, je cite, « ses félicitations pour une initiative qui réunit des chercheurs et des experts dans l'intention d'offrir à l'autel les meilleurs produits de la terre », fin de citation.

Forts de cette bénédiction, les experts et les prêtres, après avoir entendu de savantes communications sur l'histoire du vin de messe et sur la signification du vin dans la liturgie, ont formé une commission de dégustation et se sont attaqués à onze crus différents de vin de messe, qu'ils ont notés entre 0 et 20. Participaient à la compétition trois vins espagnols baptisés « vin de messe », « vin doux de messe » et « vin doux supérieur de messe » ; trois vins italiens dénommés le « Malvoisie », le « Sincerum 1990 » et le « Sincerum 1991 », et cinq vins californiens : le « vin d'autel », le « Cancannon », le « Haut Sauterne 90 », le « Haut Sauterne 91 » et le « California Port ». La commission fut sévère. Neuf de ces crus ont été taxés de « vins de table acceptables, mais impropres à l'utilisation comme vin de messe ». Ainsi, « qu'importe le flacon pourvu qu'on ait la messe » n'est pas un principe évangélique. Les deux vainqueurs de la compétition furent le vin piémontais baptisé « Sincerum », mais surtout le vin espagnol du nom pourtant peu engageant de « vin doux supérieur de messe ». Il fut même qualifié par les prêtres et les experts, je cite, de « grand vin du type vieux sherry », fin de citation.

M'efforçant de pratiquer autant qu'un autre la charité chrétienne, je m'interdis d'exprimer la moindre médisance ni même la moindre réserve sur le sherry qui n'est jamais qu'un breuvage pour chaisières chipotantes ou pour sacristains prostatectomisés. Que pouvait-on attendre d'ailleurs d'une commission qui examine cinq vins californiens sur onze et pas un seul cru venant de la terre de France, pourtant fille aînée de l'Église ? Nous en appellerons au pape et nous lui chanterons le couplet qui suit, celui par lequel j'avais l'honneur d'introduire cette causerie :

Le Saint-Père dans sa cour de Rome
Boit du vin de tous les arômes.
Et pourquoi ne le ferait-il pas
Puisque Notre Seigneur en fit à Cana ?

Je vous souhaite le bonjour.
Nous vivons une époque moderne.

Heureux habitants du Territoire de Belfort et des autres départements français, j'ai eu l'honneur au cours de ces chroniques matutinales de vous tenir au courant de l'évolution de ce mouvement étatsunien baptisé « Political correctness » et qui s'efforce de régenter les esprits et les cœurs en interdisant l'expression de toute pensée considérée comme mauvaise ou excessive, ou quoi que ce soit qui dépasse. Ce mouvement accomplit tranquillement son petit bonhomme de chemin. C'est ainsi que des parents d'élèves associés viennent de réussir à faire interdire un livre dans cette école primaire de Floride en raison des scènes de violence que cet ouvrage renferme. Désormais à Jacksonville, on ne lira plus *Blanche-Neige* à la demande de ces parents d'élèves scandalisés que l'on raconte à leur progéniture une histoire où l'on voit un chasseur tuer un sanglier et une méchante sorcière demander que l'on arrache le cœur d'une pure jeune fille.

En plus de *Blanche-Neige*, les parents d'élèves associés de Jacksonville ont obtenu que soient retirés des rayons de la bibliothèque de l'école publique un certain nombre d'autres ouvrages du même tonneau contenant des scènes de violence, des scènes au cours desquelles est fait allusion à une prétendue supériorité du sexe masculin et des scènes de vulgarité. Malheureusement, un ouvrage a échappé – et je dois dire inexplicablement – à la censure de ces aisés parents pédagogues. On peut pourtant y trouver des personnages aussi peu éducatifs qu'un vieil ivrogne qui danse tout nu, un roi qui se livre à des bassesses pour forniquer avec sa belle-sœur, des hommes qui s'accouplent entre eux, un jaloux qui tue son père, un père qui accepte de planter un couteau dans le ventre de son fils, sans compter des scènes aussi pénibles à supporter que celle où un poisson, ou un monstre marin, ou une baleine avale un homme tout vif, des agneaux sacrifiés vivants, des hommes vendus à d'autres hommes pour leur servir d'esclaves, et je passe sous silence une théorie de récits détaillés de maints supplices et de persécutions diverses et peu ragoûtantes et, pour couronner le tout, si j'ose dire, la narration péniblement précise de l'humiliation physique et morale d'un homme de 33 ans et du fatal supplice auquel il est voué et qui consiste en rien moins que de le monter sur une croix, lui enfoncer des clous dans les poignets et les chevilles et attendre qu'il en meure. Je ne voudrais dénoncer personne, mais dans la catégorie ouvrage traumatisant, la Bible, c'est quand même autre chose que *Blanche-Neige*.

Je vous souhaite le bonjour.

Nous vivons une époque moderne.

Heureux habitants de Paris et des autres départements français, ce n'est pas que je veuille jeter le trouble dans le huis clos de vos salles de bains, mais je vous dois la vérité. Une guerre est au bord d'éclater en Europe. Elle mettra en présence deux pays souverains mais inégaux. D'un côté, la Tchécoslovaquie – 127 870 km², 17 millions d'habitants dont 65,2 % de Tchèques et 28,7 % de Slovaques. De l'autre, le Liechtenstein, 160 km² traversables du nord au sud en vingt minutes si tous les feux sont rouges, 26 412 habitants dont 100 % paient le plus petit impôt sur le revenu du monde si l'on excepte Monaco, mais Monaco ne siège pas à l'ONU tandis que le Liechtenstein, si.

Le sujet du conflit que révèle un confrère du *Wall Street Journal* – car j'ai des confrères au *Wall Street Journal* –, le sujet du conflit, donc, est territorial. En 1918, à la création de la Tchécoslovaquie, 1 586 km² de propriété personnelle du prince du Liechtenstein et de quelques-uns de ses riches concitoyens ont été confisqués au profit du nouvel État instauré par le traité de Versailles. Aujourd'hui, comme le gouvernement tchécoslovaque restitue les biens et les propriétés confisqués par les communistes, le prince Hans-Adam II, grand-duc du Liechtenstein, veut récupérer ses terres. « Pas question, répond-on à Prague. L'annexion de ces 1 586 km^2 n'a rien à voir avec le communisme puisqu'elle date de 1918. » « C'est une question de principe, répond le prince Hans-Adam II qui a la dent dure : ce n'est pas parce que l'on est petit que l'on doit se laisser faire. »

On peut faire remarquer aux Tchécoslovaques qu'ils ne risquent pas grand-chose d'une déclaration de guerre liechtensteinoise, car le prince Hans-Adam II n'a pas le plus petit embryon d'armée et ne dispose que d'une force de police de 55 hommes dont certains sont en vacances et d'autres en congé maladie. « Ne croyez pas cela, répond-on à Prague : le Liechtenstein veut refaire le coup de *La Souris qui rugissait.* » Dans le film, Peter Sellers jouait le rôle du grand-duc de Fennich, une principauté oubliée qu'il voulait remettre en selle en déclarant la guerre aux États-Unis, et en espérant que la défaite inéluctable de Fennich serait suivie d'une aide internationale à la reconstruction particulièrement juteuse et bienvenue.

On peut alors faire observer aux Tchécoslovaques que le Liechtenstein, avec l'un des plus hauts revenus au monde par habitant, n'a pas besoin des retombées financières d'un conflit douloureux. Non, certes, mais depuis *La Souris qui rugissait*, on a perfectionné les scénarios : avec un conflit qui n'aura pas lieu, on peut avoir des retombées médiatiques, il me semble d'ailleurs que je viens de vous en administrer la preuve…

Je vous souhaite le bonjour.

Nous vivons une époque moderne.

Heureux habitants de l'Ardèche et des autres départements français, si vous avez récemment ouvert un journal allemand, vous y avez sans doute remarqué cette publicité d'une agence de voyages : « Visitez l'Égypte et découvrez les tombes des Pharaons avant qu'elles disparaissent. » C'est ce que l'on peut appeler une publicité qui n'a pas froid aux yeux car si les tombes de Louxor risquent de disparaître, c'est précisément à cause des touristes qui les visitent. Trois millions de ces bestioles – je veux dire de touristes – ont, au cours des douze mois de l'an passé, sué, haleté, soufflé dans les tombes où les monarques égyptiens, leurs épouses et leurs hauts fonctionnaires connaissaient, depuis trois ou quatre mille ans, ce que l'on nomme bien improprement le repos éternel. Les seules variations de température et d'hygrométrie provoquées par cette présence touristique causent de considérables dégâts, et je ne dis rien des gras-du-bide en short de jogging et tee-shirt imprimé qui touchent les peintures murales de leurs doigts humides pour s'assurer que c'est du vrai, ni des primates qui *font* l'Égypte et inscrivent au canif sur les murs de la salle hypostyle de Karnak « Julien aime Karine », quand ce n'est pas « Vive le PSG ! ». Les dommages infligés aux tombes égyptiennes par les visites touristiques sont apparents et incontestables. Le gouvernement recherche quelles mesures pourraient les arrêter. On lui propose de limiter le nombre de jours où ces visites sont possibles. On lui suggère de décréter un *numerus clausus* de visiteurs. On lui conseille d'installer dans chaque tombe un système d'alarme relié à un hygromètre et qui déclencherait la fermeture de la tombe dès que le seuil critique d'humidité serait atteint. On l'encourage à enduire de vernis toutes les fresques tombales, bref, on cherche à aménager la situation.

Telle n'est pas l'idée du professeur Abt, un psychologue zurichois, président de l'Association des amis des tombes royales. Pour le professeur Abt, il n'y a de solution que radicale. Il s'agit de fermer toutes les tombes, sauf aux égyptologues, et, pour que l'Égypte ne perde pas les bénéfices du tourisme, le professeur Abt propose que l'on construise près de Louxor de faux tombeaux avec de fausses fresques et des sarcophages en plastique. Faut-il donner tort au professeur Abt ? Rien n'est moins sûr. On pourrait sûrement satisfaire de nombreux *homo touristicus photographicus* en créant à Louxor, à côté de la vallée des Rois, de la vallée des Reines et de la vallée des Nobles, une quatrième vallée que j'avais d'abord pensé appeler la vallée des Copies. Mais comme l'expression peut sembler péjorative, on pourrait peut-être lui préférer celle de Pharaonland et la jumeler avec Euro-Disney, il paraît que les affaires de Mickey ne vont pas très fort…

Je vous souhaite le bonjour.

Nous vivons une époque moderne.

Heureux habitants des Landes et des autres départements français, je ne voudrais pas adresser de reproche à quiconque mais la presse quotidienne française n'accorde que peu de place au courrier de ses lecteurs, contrairement aux journaux européens, et notamment aux quotidiens britanniques. La rubrique « Letters to the Editor » du *Times* est même une institution aussi nécessaire à la vie des buveurs de thé à cinq heures que les poils d'ours au bonnet des Horse Guards. Bien entendu, plus une lettre illustre par son style les vertus de l'humour britannique, plus elle a de chances d'être publiée. Le sommet est atteint lorsque les lecteurs répondent à d'autres lecteurs, comme dans le cas des trois lettres que je m'en vais vous lire et qui concernent le fonctionnement du téléphone outre-Manche.

Le lundi 4, M. Bernard Levin, Esq. écrit au rédacteur en chef du *Times* : « Sir, il y a un an ou deux, vous avez publié une lettre de moi dans laquelle je prétendais avoir établi un record : alors que j'avais composé un numéro de téléphone londonien, ma ligne s'est trouvée parasitée par une conversation d'où il résultait qu'un homme avait lui-même obtenu un numéro erroné. Je pense avoir battu un nouveau record : en appelant votre journal, j'ai obtenu simultanément la sonnerie occupée, la sonnerie normale et une conversation qui ne me concernait en rien. »

Le mardi 5, le *Times* reçoit de M. Paul Callan la lettre suivante : « Sir, pour rien au monde je ne voudrais contester le record revendiqué par M. Bernard Levin, cependant je crois l'avoir surpassé dans l'épreuve des sports téléphoniques. Il y a quelques jours, alors que j'appelais l'hôtel Savoy, j'ai fait involontairement irruption au milieu de deux conversations croisées : un gentleman donnait à son bookmaker la consigne de parier sur un cheval lorsqu'il se trouva brutalement en communication avec un coiffeur pour dames de Fulham. Ceci produisit un intéressant échange à trois sur le fonctionnement de notre téléphone national. » Fin de citations.

Le jeudi 7, M. Edgar Mehl écrivait au *Times* : « Sir, me référant aux lettres récentes de MM. Paul Callan et Bernard Levin, je vous informe qu'alors que je téléphonais l'autre jour à mon avocat, j'ai soudainement entendu un gentleman me demandant de miser sept livres sur le cheval Friendly dans la course de 16 h 15 à Epsom. Plusieurs de mes collègues et moi-même avons suivi ce conseil, et Friendly a gagné à 3 contre 1. Puis-je donc par votre intermédiaire féliciter notre compagnie des téléphones pour l'excellence de ses services. »

Je vous souhaite le bonjour.

Nous vivons une époque moderne.

Heureux habitants de l'Isère et des autres départements français, si je m'autorise de votre compagnonnage matutinal assez ancien pour vous demander ce matin : « Comment allez-vous ? », un bon peu d'entre vous pourrait bien me répondre : « Ça va comme un lundi. » Autant dire que cela ne va pas du tout et même que vous êtes fort atteints si l'on en croit l'Institut de médecine du travail de l'université catholique de Rome. Cet institut, en effet, a été chargé d'une étude sur l'absentéisme du lundi, absentéisme dont l'importance ne cesse de croître et que les employés – surtout ceux des bureaux – justifient en invoquant des « indispositions » si mal définies que le patronat italien considère qu'elles sont imaginaires.

Erreur, proclame aujourd'hui l'Institut romain de médecine du travail : il existe bel et bien une pathologie spécifique du premier jour ouvrable de la semaine, pathologie que nous proposons de dénommer « la fièvre du lundi ». Cette affection se manifeste par la somnolence, des maux de tête diffus, un sentiment d'oppression respiratoire et de constriction thoracique, un essoufflement, des douleurs musculaires et articulaires et, parfois, une légère poussée de fièvre. Les savants docteurs qui décrivent ce mal nouveau justifient ainsi les certificats médicaux distribués par leurs confrères à des milliers de malheureux, retour du week-end, les savants docteurs, donc, soulignent le traumatisme que représente la reprise du travail après deux jours de repos. Ce traumatisme n'est pas seulement psychologique, il est également dû au passage de l'atmosphère moins polluée du samedi et du dimanche dans les grandes villes à l'air chargé de miasmes des bureaux, et même des studios de la Maison de la radio s'ils n'étaient embaumés par la présence toujours printanière de Mlle Martin.

Pour preuve de leur assertion, les savants docteurs font remarquer, je cite, que « la fièvre du lundi n'affecte jamais les personnes qui travaillent sans interruption sept jours par semaine ». Cette observation conduit à formuler deux remarques :

1. Où trouve-t-on encore, et notamment en Italie, des personnes qui travaillent sept jours sur sept sans interruption, à part les voleurs à la tire, mais, ceux-là, je doute qu'ils fréquentent la médecine du travail ?

2. Les travaux des bons docteurs ne peuvent conduire qu'à deux conclusions thérapeutiques. Soit la suppression du week-end, soit la suppression du lundi. Pour ma part, mon choix est fait.

Je vous souhaite le bonjour.

Nous vivons une époque moderne.

Heureux habitants de la Manche et des autres départements français, ça n'est pas pour me vanter, mais je peux mourir.

Tout le monde peut mourir, chroniqueur, il n'y a pas de quoi nous tympaniser dans le huis clos de nos salles de bains.

Oui, mais ce que je veux dire, c'est que je peux mourir la tête haute.

Ça doit être une fameuse position pour mourir, ça, la tête haute. Et d'où tires-tu cette certitude prétentieuse ?

Eh bien, auditeurs sachant auditer, quel est le rêve d'un petit garçon lorsqu'il est à l'école ? La richesse ? Que non, c'est un truc de vieux. Le bonheur ? Que non, c'est un regret le bonheur, ce n'est pas un rêve. A l'école, un petit garçon rêve de gloire. Et qu'est-ce que la gloire ? C'est d'avoir son nom dans les manuels scolaires. Et justement, m'y voilà. Dans le prochain manuel de français à l'usage des classes de quatrième que publie M. Hachette, ce qui prouve que la Cinq ne lui a pas mangé tous ses sous, dans le prochain manuel de français à l'usage des classes de quatrième, que trouve-t-on à la page 12 ? Le texte d'une chronique de moi prononcée par moi, ici même, le 6 septembre 1989, à l'époque où Mlle Martin n'était encore que Jacques Pradel que j'ai perdu de vue...

Cette chronique, je m'en vais vous la lire, et ce sera bien la première fois qu'une chronique servira deux fois. Mais je vous conseille de l'auditer attentivement car, ensuite, je vous poserai les questions du manuel de français rapport à l'analyse de ce morceau de littérature.

> Heureux habitants du Bas-Rhin et des autres départements français, chacune de nos contrées possède ses charmes et ses avantages.
>
> Les unes jouissent d'un climat adouci par la proximité de la mer ; les autres abritent des forêts touffues. Ici l'herbe des pâturages verdoie, là les terrils poudroient. Plus loin le chômage s'accroît. Ailleurs, passé le 15 septembre, il n'y a plus d'habitants de moins de soixante ans.
>
> A Paris, les indigènes ont un étrange privilège ; celui d'une saison supplémentaire, d'une cinquième saison. Très courte. A peine une semaine. Et encore, elle va en s'estompant. Le lundi, elle est à son apogée, puis elle décline jusqu'au dimanche soir, où elle meurt.
>
> On ne la reconnaît ni au climat, ni à la lumière, ni à la longueur du jour, mais à quelques dizaines de petits signes insolites.
>
> Par exemple, si vous êtes piéton et que vous n'ayez pas fini de traverser lorsque le feu passe au vert, les automobilistes n'enfoncent pas leur accélérateur juste quand vous passez devant eux.
>
> Si vous arrivez en courant à la station d'autobus au moment où celui-ci va démarrer, le chauffeur s'arrête et vous attend.
>
> Si vous marchez au bord d'un trottoir et qu'il a plu, les voitures évitent de ruiner vos chaussures en roulant à toute vitesse dans le caniveau.
>
> Plus étonnant encore, si, vers 5 heures de l'après-midi, vous voulez vous rendre en taxi de la place Gambetta à la place des Ternes, le chauffeur ne vous répond pas : « Oh non ! il est mal, lui. J'vais pas là à c't'heure-là. Il a qu'à prendre le métro. »

Et, si vous le lui demandez avec des précautions, il pourra même éteindre ou du moins baisser le son de la radio lepénisto-luismarianesque sur laquelle il est indéfectiblement branché.
Si vous vous approchez d'un Parisien, dans la rue, pour lui demander un renseignement, il vous montrera les dents, comme d'habitude, mais, cette fois, dans un sourire.
Cette cinquième saison vient toujours juste après les grande vacances. Profitez-en. Bientôt, les effets des migrations s'estomperont, et la vie reprendra ses droits. Les « T'avance, eh, patate » retentiront de la plaine Monceau au faubourg Saint-Antoine. Ils se télescoperont avec les « Vous voyez pas que j'travaille », les « Ça m'étonne pas, c'est une bonne femme » et les « J'suis pas un bureau de renseignements ». Les Parisiens seront alors retournés à la civilisation, mot qui vient du latin, qui signifie « la ville ».
Je vous souhaite le bonjour !

6 septembre

Bien. Maintenant, les questions :

– Essayez de définir le rôle de la première et de la dernière phrase.
– Relevez quelques éléments qui appartiennent à la langue recherchée.
– Expliquer l'ironie de la dernière phrase.
– A quel endroit du test sait-on quand se situe la cinquième saison ? Pourquoi à cet endroit ?

J'espère que ces pertinentes interrogations vous ont donné une vue exacte de la richesse de ce texte. En tout cas, je remercie beaucoup les professeurs qui se sont donné le mal de trouver autant de questions dans un texte si court. Je tiens cependant à leur dire que j'aime moins l'exercice suivant :

Rédigez à votre tour un texte semblable à celui-ci pour la longueur et pour le ton.

Mes chroniques n'ont pas de longueur. Tout au plus ont-elles une certaine durée. Et, quant au ton, sales gosses ambitieux, il est i-ni-mi-table.

Je vous souhaite le bonjour.

Nous vivons une époque moderne.

Heureux habitants de l'Aude et des autres départements français, il vous est parfois arrivé de m'entendre déplorer l'évolution des mœurs et la difficulté qu'il y a, aux jours que nous vivons, à trouver du civisme chez les jeunes gens, de la vertu chez les jeunes filles, du cochon dans les rillettes et de la sincérité dans les petits vins. C'est pourquoi j'ai frémi de bonheur lorsque j'ai reçu copie de la circulaire que l'excellent maire de la bonne ville de Limoges – dont je salue les heureux habitants – a fait parvenir à Mmes les Directrices et à MM. les Directeurs des écoles élémentaires de sa municipalité.

Se conformant au vœu et même au testament de l'un de ses concitoyens, le maire de Limoges informe les responsables cités plus haut de l'existence d'un prix destiné à récompenser un élève particulièrement méritant choisi dans une école élémentaire publique communale. J'allais emboucher les trompettes de la renommée pour saluer cette belle initiative lorsque je m'avisai que les conditions mises à l'obtention du prix par le donateur plaçaient un peu haut la barre du mérite. « L'élève à récompenser, précise en effet la circulaire, devra être de préférence une fillette choisie dans une classe de CM2. » Cette fillette, je cite, « devra appartenir à une honnête famille limousine, être de condition sociale difficile, soit moralement – (orpheline) –, soit physiquement – (handicapée) – », fin de citation. Et, quoique étant de sexe féminin, orpheline et handicapée, ce qui constitue trois raisons justifiant une mauvaise humeur permanente, la récipiendaire du prix devra, je recite, « se comporter d'une manière agréable vis-à-vis de ses maîtres et de ses camarades », fin de citation. A ce compte-là, ce n'est pas un mérite que l'on récompense, c'est la sainteté que l'on prétend subventionner.

Je dois cependant à la vérité de préciser que la circulaire précise, je re-recite, que « les critères ainsi définis pourront être appliqués avec souplesse ». Espérons que cette souplesse donnera une chance d'obtenir les 1 000 F du prix à une élève appartenant à une honnête famille limousine, quoique de n'importe quelle couleur de peau, et qui pourrait n'être orpheline que d'un seul parent et à qui on tolérerait quelques écarts de langage et peut-être même d'avoir une fois fumé dans les cabinets ou fait un pied de nez à la maîtresse.

N'oublions pas que la vertu court toujours le risque d'être fade…

Je vous souhaite le bonjour.

Nous vivons une époque moderne.

Heureux habitants du Val-d'Oise et des autres départements français, vous n'êtes point sans savoir que la ville de New York flirte dangereusement avec la banqueroute. Et par ailleurs, vous n'ignorez pas que la même ville de New York abrite de nombreux consulats et de non moins nombreuses missions diplomatiques auprès de l'Organisation des Nations unies. Cela n'est pas sans rapport avec ceci. Les services de la ville de New York ont en effet calculé que l'ensemble des diplomates en poste dans la grosse pomme lui doivent 8 millions 400 mille dollars au titre des contraventions au stationnement impayées. Car si les diplomates bénéficient de certaines places réservées aux abords de leurs bureaux, partout ailleurs ils sont censés se conformer aux règles communes. Ce n'est que parce que l'immunité diplomatique les protège qu'il n'est pas possible de les faire rendre gorge. Aussi la municipalité de New York a-t-elle décidé de leur faire honte en publiant le palmarès des pays les plus insouciants.

En ce qui concerne les consulats, j'ai le regret de vous informer que la France ne vient qu'en deuxième position avec 2 103 contraventions de stationnement impayées l'an dernier, derrière Israël qui a collectionné 3 098 papillons et loin devant l'Italie qui n'en a ramassé que 665. Alors les Italiens, on perd la main ? Soulignons toutefois que ce calcul est injuste et à notre détriment. Le consulat d'Israël dispose de 140 voitures, le nôtre, seulement de 46. Cela signifie que chaque voiture diplomatique israélienne a enfreint les règles du stationnement environ 22 fois, alors que chacun de nos véhicules diplomatiques a mérité 45,71 contredanses.

Mais les employés des consulats ne sont que des enfants de chœur, comparés à leurs homologues des missions auprès de l'ONU. En tête figurent l'ex-URSS devenue CEI avec 23 495 infractions pour 171 véhicules, soit 137 amendes par voiture. D'une manière générale, les anciens pays communistes ne se comportent d'ailleurs pas trop mal, puisque la Bulgarie vient en troisième position avec 3 425 contraventions pour 24 automobiles, soit une moyenne d'environ 150 papillons. Mais le pays le plus prometteur est une nation qui, si elle siège à l'ONU depuis longtemps à la suite d'un artifice du regretté Staline, n'en est pas moins indépendante que depuis peu. J'ai nommé la Biélorussie dont les diplomates ont commis 2 066 infractions au stationnement en un an et avec seulement 10 voitures, ce qui représente 206 violations des règles par automobile, soit une par jour ouvrable. Comme l'Ukraine la suit avec 190 contredanses par voiture, il est possible que l'on en finisse à New York par regretter le bon vieux temps d'avant le mur de Berlin.

Je vous souhaite le bonjour.

Nous vivons une époque moderne.

Heureux habitants du Doubs et des autres départements français, ça n'est pas pour me vanter, mais 1 702 074, c'est un chiffre. Un chiffre qui fait réfléchir. Un chiffre qui ferait réfléchir, chroniqueur matutinal et vaticinant, si tu nous disais à quoi il correspond. Voilà qui n'est pas faux, auditeurs sachant auditer. 1 702 074 est le nombre de plaintes enregistrées en 1991 par les commissariats de police italiens pour vol à la tire, soit une augmentation de 6 % par rapport à 1990. Si l'on considère que 30 millions de touristes visitent l'Italie chaque année, quelles sont leurs chances – si j'ose dire – de voir (ou plutôt de ne pas voir) un pickpocket les alléger de leur portefeuille ? Voilà qui aurait pu constituer l'énoncé d'un problème pour le certificat d'études primaires si le certificat d'études primaires n'avait point été rayé d'un trait de plume par un ministre peu soucieux des joies modestes que procurait cet humble examen qui fut la base de l'éloquence cantonale et la pierre angulaire de la fierté de nos instituteurs du temps où ils portaient la blouse.

Quoi qu'il en soit des problèmes de certificat d'études, la municipalité de Rome vient de lancer une campagne d'information en cinq langues à destination des touristes. Cette campagne a commencé sur la ligne d'autobus 64, qui conduit de la gare de Rome à la place Saint-Pierre, et se trouve donc l'une des plus fréquentées. Au-dessus de la porte de sortie de chaque véhicule, une affiche rédigée en italien, en français, en anglais, en allemand et en espagnol proclame sur fond rouge et noir : « Attention aux pickpockets ! »

Ces affiches sont en place depuis lundi dernier et, comme les autorités romaines pensent qu'elles ne suffiront sans doute pas à faire chuter le nombre des vols à la tire, elles ont obtenu que quelques policiers en civil soient assignés à la surveillance des autobus. Dès le premier jour de leur entrée en fonction, ces agents de l'autorité on mis le grappin sur six larrons. Le premier des six s'est fait prendre alors qu'il débarrassait de son portefeuille un voyageur japonais, accompagné de son épouse. Et que faisait ce voyageur japonais au moment où le pickpocket lui dérobait son portefeuille ? Il s'appliquait à comprendre la signification de l'affiche rouge et noire proclamant « Attenti agli borseggiatore », « Achtung taschendiche ! », « Méfiez-vous des pickpockets ! »

Je vous souhaite le bonjour.

Nous vivons une époque moderne.

Heureux habitants de l'Eure et des autres départements français, jusqu'à présent et depuis une sacrée lurette, l'imagerie publicitaire était simple à concevoir : que fallait-il faire figurer sur une affiche pour vendre une marque de bière ? Une jeune femme vêtue de sa probité candide et d'un minimum de lin blanc. Et pour convaincre les foules d'acheter un yaourt aux enzymes régénératrices du tissu épithélial et au goût de mangue de Birmanie ? La même jeune femme, ou bien sa cousine, habillée de la même probité et de lin blanc, mais à condition d'avoir jeté assez d'eau sur le lin blanc en question pour qu'il ne laisse rien ignorer de la perfection mamelonnesque de la créature. Et pour persuader tout un chacun et toute une chacune d'acquérir une paire de jeans transformant celui-ci en James Dean et celle-là en Kim Bassinger ? Il suffisait d'une jeune femme à l'air peu farouche, à la poitrine sans voile et à la moue capable de faire comprendre au plus bête qu'elle n'avait enfilé un jean que dans le dessein de le retirer au plus vite.

Pour vendre au public une voiture, un déodorant, un plat congelé, une bouteille de sent-bon, de la margarine, des chemises ou de l'eau minérale, il convenait d'associer à ces produits l'image d'une jeune personne dans le simple appareil d'une beauté qu'on venait d'arracher au sommeil. Eh bien n.i-ni, c'est fini. Un institut étatsunien d'étude du comportement du consommateur vient de le proclamer : la tranche d'âge la plus acheteuse, celle des 40-55 ans, ne veut plus dépenser son bon argent si on ne lui fournit pas des raisons solides de le faire, et cette tranche d'âge a fini par s'apercevoir qu'en achetant une voiture, un plat surgelé, un yaourt aux enzymes ou une bouteille de sent-bon, aucune créature de rêve n'apparaissait par miracle. Désormais, pour inciter les quadras et les quinquagénaires à ouvrir leur porte-monnaie, il faut les convaincre qu'une voiture roule, qu'une eau désaltère et qu'un plat surgelé nourrit (à condition de l'avoir décongelé)... A moins que... A moins que quoi, chroniqueur matutinal et vaticinant ? A moins que la marque du produit que l'on veut vendre ne parvienne à persuader le consommateur qu'elle participe à l'effort général d'amélioration de la marche du monde et de progression de l'humanité. L'institut étasunien d'études dont j'avais l'honneur de vous entretenir tout à l'heure a comparé les ventes de deux marque de jeans. L'une a pris comme emblème une jeune femme qui affirme ne rien porter sous ses pantalons ; l'autre a acheté de l'espace publicitaire pour disserter sur la faim dans le monde. L'augmentation des ventes de la seconde a été aussi spectaculaire que la chute de celles de la première ! Espérons que la faim dans le monde ne marche pas que pour les jeans et qu'avec de jolies photos de ventres ballonnés on pourra également vendre des yaourts enzymateux, du sent-bon haut de gamme et des automobiles pour partir en week-end la conscience en paix et le pied sur l'accélérateur... C'est vrai, quoi ! il paraît qu'il va faire beau.

Je vous souhaite le bonjour.

Nous vivons une époque moderne.

Heureux habitants du Cher et des autres départements français, ça n'est pas pour me vanter, mais j'ai mis à profit la mansuétude de mon chef et la bienveillance des lois sociales pour prendre quelques jours de congé chez nos voisins italiens. Que vous dire de l'Italie que vous ne sachiez déjà et qui vous fasse envier l'heureux mortel que je fus pendant une semaine ?

C'est bien simple, l'Italie est un si merveilleux pays que les Japonais viennent désormais s'y marier. Tu veux dire, chroniqueur matutinal et vaticinant que les Nippons viennent jusque dans les bras des Italiens épouser leurs filles et détourner leurs compagnes ? Que nenni, auditeurs enflammés ! Les Japonais se rendent en Italie pour se marier entre eux. La firme Maruheni, profitant sans doute de la consonance italienne de son nom nippon, la firme Maruheni, qui possède des raffineries au Koweït, des plantations au Brésil et des forêts au Canada, a procédé à une étude du marché matrimonial japonais. Sur 700 000 Nippons qui répondent chaque année *heï*, c'est-à-dire oui, à la question fatidique, 20 000 sont désireux de se marier à l'étranger, c'est-à-dire de faire à la fois la noce et le voyage. A ces 20 000 futurs époux mobiles, Maruheni propose de transhumer à Florence pour s'y passer la bague au doigt sous l'œil du *David* de Michel-

Ange qui en a vu d'autres, et qui, dit-on, a inspiré plus d'une union, même contre nature. Pour 35 000 F, les fiancés ont droit à une journée à Florence pour récupérer le décalage horaire, une journée pour s'épouser et célébrer la chose dans un restaurant et, le lendemain, retour au bercail. Bien sûr, ce programme peut être amélioré si l'on achète certaines options. Pour 10 000 F supplémentaires par jour, les néo-mariés peuvent se trimbaler en Ferrari Testarossa au lieu d'une simple limousine. Notez que la simple limousine a quand même son charme, d'autant plus que le maire de Florence envisage d'ouvrir les rues piétonnes aux automobiles nuptiales qui charrient les conjoints nippons. Quant au fameux Palazzo Vecchio appelé également palais de la Seigneurie, l'entreprise Maruheni a entamé des pourparlers fructueux en vue de pouvoir organiser la cérémonie du mariage proprement dite dans la fameuse Sala Rossa qui fut un temps la chambre à coucher de Bettino Ricasoli, ultime et richissime baron qui se rendit célèbre au milieu du XIXe siècle par son nationalisme. A propos de nationalisme, qu'attendons-nous pour concurrencer les Italiens sur le marché nippon du mariage ? Après tout, des vieux palais, il y en a partout tandis que ce n'est qu'en France qu'on peut trouver Euro-Disneyland.

Je vous souhaite le bonjour.

Nous vivons une époque moderne.

Heureux habitants de la Seine-Saint-Denis et des autres départements français, ce n'est pas pour vous interroger mais combien de points communs avaient jusqu'à présent les Japonais et les Britanniques ? Jusqu'à présent deux : 1) ce sont des insulaires, 2) Mme Cresson les avait dans le nez, ayant comparé les premiers à des insectes et affirmé que les seconds s'adonnaient en majorité à des pratiques sexuelles renouvelées de Socrate.

Désormais, les Nippons et certains Britanniques ont en commun un troisième point : le massage. Une entreprise située à Bristol vient d'annoncer que, depuis quelques mois, elle fait appel pour ses cadres et employés au service d'une masseuse. Quoique britannique et même galloise, cette masseuse pratique une technique japonaise baptisée le Amma et fondée sur un mélange d'acupuncture et de karaté. Si j'ai bien compris, il s'agit de frapper du tranchant de la main sur certains points de la tête, du cou, des épaules, des bras et du dos, points que les acupuncteurs considèrent comme des nœuds de flux, car l'homme n'est qu'un sac de nœuds de flux et la femme ne vaut guère mieux.

Bien entendu, la masseuse frappe ces points avec la retenue qui s'impose et le massé reste entièrement vêtu (n'oublions pas que tout cela se passe en Grande-

Bretagne). Le coût de ces coups thérapeutiques et relaxants s'élève à 75 F le quart d'heure. D'après les employés de l'entreprise, je cite, « on en sort avec les idées beaucoup plus claires », fin de citation. Ce qui n'est pas évident lorsqu'on vous frappe la tête du tranchant de la main.

Muni de cette information, je m'apprêtais à solliciter une audience auprès de M. le président de Radio-France et, après lui avoir baisé selon la coutume les espaces interdigitaux des pieds, je comptais solliciter de sa haute bienveillance l'engagement d'une masseuse rompue aux techniques de l'Amma afin de clarifier mes idées et celles de Mlle Martin. J'ai interrompu cette démarche lorsque j'ai lu que, au bout d'un certain temps, ceux qui s'adonnent à l'Amma éprouvent une sorte de dépendance telle qu'ils sollicitent un allongement de la durée du massage. Certains en sont à 90 minutes et l'idée qu'on finisse par aimer recevoir des coups sur la tête pendant 90 minutes a quelque chose de réfrigérant. Ajoutez à cela que la masseuse galloise rompue aux techniques nippones considère que, pour profiter au mieux de ses services, il convient d'adopter une hygiène alimentaire et de devenir végétarien. Elle aurait déjà convaincu 50 % de ses patients. Alors là, je mets les pouces. Je ne voudrais offenser quiconque, mais, avant que l'on me convainque d'adopter une nourriture de lapin, il faudra me donner derrière la tête le fameux coup qui porte son nom.

Je vous souhaite le bonjour.

Nous vivons une époque moderne.

Heureux habitants de la Vendée et des autres départements français, ce n'est pas pour vous effrayer, mais enfin voilà déjà une certaine lurette que je vous ai rappelé que l'été arrive et qu'il va falloir songer à redonner à vos muscles la tenue qu'ils ont perdue, à vos cuisses le galbe qui n'est plus qu'un souvenir, à votre estomac la discrétion qui lui manque et à votre menton le dessin irréprochable et net qui signera votre retour en forme.

Ne perdez pas de temps car, quand vous aurez accompli ce programme, vous auriez tort de croire que vous n'aurez plus rien à faire sinon attendre que le prince charmant vienne vous demander si c'est à vous ces beaux yeux-là ou que la princesse charmante jette sur vous un regard d'aimable curiosité. Une fois restaurés vos cuisses, votre estomac et votre menton, il restera encore bien de l'ouvrage. Il faudra, par exemple, s'attaquer à vos fesses. Rien ne ruine plus cruellement une silhouette qu'une fesse qui démissionne et abdique toute fermeté. Aussi me permets-je de vous signaler un appareil spécialisé dans la fesse et dont je vous livre la présentation par le constructeur. « Cette machine met en jeu l'ensemble des muscles périarticulaires de la hanche. Son utilisation, en plus de son élégance, supprime l'appui unipodal qui permet la décompression de l'articulation coxo-fémorale, la suppression de la lordose lombaire, la mise au repos de la jambe passive et la suspension dans l'espace de la jambe active qui voit l'amplification de son mouvement elliptique vers l'intérieur, accentuant ainsi l'exercice des adducteurs. »

Peux-tu nous garantir, ô chroniqueur matutinal et vaticinant, que si nous usons de cette machine qui permet tout à la fois la décompression de l'articulation coxo-fémorale et la suspension dans l'espace de la jambe active, nous serons ensuite les heureux propriétaires de fesses dont la splendeur nous vaudra maints hommages et peut-être moult caresses ? Auditeurs avides, ne m'en demandez pas tant. Tout au plus puis-je vous faire part de ma propre expérience : la dernière fois que j'ai simultanément décompressé mon articulation coxo-fémorale et suspendu dans l'espace ma jambe active, j'ai si violemment chu sur mon derrière qu'un nombre inaccoutumé de personnes a souhaité être admis à la contemplation de mes fesses, tant elles étaient d'un beau bleu.

Je vous souhaite le bonjour.

Nous vivons une époque moderne.

Heureux habitants du Nord et des autres départements français, tout à l'heure, dans la bonne ville de Montpellier où naquirent Auguste Comte et Jean-Jacques Régis de Cambacérès, duc de Parme ; dans la bonne ville de Montpellier dont le musée Fabre abrite d'enviables Courbet, de somptueux Delacroix, des Greuze non négligeables et un bon peu de sculptures du regretté Houdon (1741-1828) ; dans la bonne ville de Montpellier qui abrite le jardin des plantes le plus ancien de France puisqu'il fut ouvert un an après la découverte de l'Amérique par Christophe Colomb, en 1493, c'est-à-dire 499 ans avant que l'Amérique ne nous envoie Euro-Disneyland pour nous remercier de l'avoir découverte ; dans la bonne ville de Montpellier dont les murs furent détruits en 1628 parce qu'elle s'était mal conduite envers le Roy de France et avait voulu faire sa protestante ; dans la bonne ville de Montpellier qui possédait au XIIe siècle des écoles de médecine et de droit et qui ouvrit en 1289 une université que Rabelais devait fréquenter au début du XVIe siècle ; dans la bonne ville de Montpellier dont la cathédrale gothique... Oh ! Tu arrêtes avec la bonne ville de Montpellier, chroniqueur matutinal et vaticinant. Tu ne nous dirais pas plutôt ce qui va s'y passer tout à l'heure ? Bon, d'accord, je veux bien. Tout à l'heure, à

Montpellier, va se tenir un concours organisé par le rectorat de l'Académie pour le recrutement de secrétaires de documentation.

Et alors, oncle Philippe, tu postules ? Je ne postule pas. Je souffle. Tu souffles quoi ? Je souffle d'ultimes tuyaux aux candidats mâles à ces postes de secrétaires de documentation, au cas où on les interrogerait sur l'histoire de la ville où ils vont passer le concours.

Et pourquoi souffles-tu exclusivement aux candidats mâles, chroniqueur matutinal et vaticinant ? Serait-ce que tu t'abandonnerais devant nous et de bonne heure aux démons du chauvinisme sexiste et arrogant tout en frisant ta moustache et en bombant ton torse d'ancien deuxième ligne de l'équipe de rugby du lycée Hoche ? Pas du tout, ramassis d'auditeurs, si je soutiens les candidats mâles, c'est que les autres sont déjà soutenus par le recteur de Montpellier. Et qu'insinues-tu là, oncle Philippe ? Je n'insinues pas, je lis. « Conditions d'accès au concours : le concours est ouvert aux candidats âgés de 45 ans au plus, titulaires du baccalauréat ou d'un diplôme équivalent. Les mères de famille d'au moins trois enfants sont dispensées de la possession d'un diplôme. »

Et pour les concours où il faut posséder non pas le baccalauréat mais la maîtrise, voire l'agrégation, il faudra en avoir mis au monde combien d'enfants ? Douze ? Dix-sept virgule cinq ?

Je vous souhaite le bonjour.

Nous vivons une époque moderne.

Heureux habitants du Gard et des autres départements français, ça n'est pas pour me vanter, mais, comme disait le regretté Chrétien de Troyes (1135-1183) :

Voici le temps qu'arbres fleurissent
Bocages feuillus, prés verdissent
Et les oiseaux en leur latin
Doucement chantent au matin
La joie enflamme l'univers.

Fin ce citation.

C'est-à-dire que nous pourrons bientôt chanter avec Charles d'Orléans (1391-1465) :

Le temps a laissé son manteau
De vent, de froidure et de pluie
Et s'est vêtu de broderie
De soleil luisant, clair et beau.

Car voici venir la saison où, si l'on en croit Paul Verlaine (1844-1896) :

Les donneurs de sérénade
Et les belles écouteuses
Échangent des propos fades
Sous les ramures chanteuses.

Bref, c'est le printemps !

Au Canada, où cette saison semble plus avancée qu'ici, et singulièrement dans la province de l'Ontario, il arriva un lundi que John croisât Mary et fût ému par elle ; le mardi, il lui donna la sérénade dans un fast-food de son quartier ; le mercredi, en échange, elle lui offrit sa vertu. Le jeudi, John dit à Mary : « Voici des fruits, des fleurs, des feuilles et des branches, et puis voici la fin de la semaine qui s'en vient, si on allait la passer dans mon chalet au bord du lac ? » « Allons-y Alonzo, répondit Mary à John, mais qu'est-ce que nous allons faire de ton satané chat qui a tendance à vouloir me griffer chaque fois que nous nous câlinons ? » « Emmenons-le, répliqua John, il finira bien par s'habituer. » Tel n'était pas l'avis de Mary. C'est pourquoi, le vendredi, pendant que John était parti chercher la voiture et faire le plein d'essence, Mary s'empara de son chat et le plaça dans le four à micro-ondes. Malheureusement, pour l'avenir de leur amour, elle avait mal calculé le temps de cuisson du chat et, lorsque John est rentré, Mary n'avait pas encore fini de nettoyer le four. Dis, M. Micro-Ondes, tes fours, tu pourrais pas les faire un p'tit peu plus rapides ?

Je vous souhaite le bonjour.

Nous vivons une époque moderne.

Heureux habitants du Bas-Rhin et des autres départements français, ce n'est pas faire preuve d'hostilité à l'égard des Étatsuniens que de constater que la ville de New York, minée par de sérieux problèmes budgétaires, offre un aspect de moins en moins reluisant. New York n'est guère propre, et c'est pourquoi les appartements y sont de plus en plus fréquemment envahis par les cafards, espèce qui se reproduit avec autant de célérité que d'inconscience. Or, le cafard n'est pas aimé, que cela soit juste ou non. Il n'est pas aimé, non seulement parce qu'il passe pour être assez faux cul pour dégager une odeur détestable lorsqu'on l'écrase par mégarde, mais aussi parce que, la nuit, lorsqu'il se réunit en bande, le crunch crunch crunch de ses mandibules étant multiplié par le nombre d'individus qui composent la bande finit par produire un bruit qui, sans atteindre au vacarme, peut empêcher d'honnêtes gens de dormir.

Pour lutter contre les cafards, les autorités new-yorkaises et les entreprises privées ont rivalisé d'imagination. Jusqu'à présent, en vain. Le cafard se rit des insecticides dont on l'asperge et il continue à se reproduire avec le même entrain que s'il espérait toucher un jour des allocations familiales. Cependant, il se pourrait que les beaux jours du cafard new-yorkais touchassent à leur fin.

En effet, un petit malin a découvert en Malaisie un lézard qui est aussi friand de cafards que Luciano Pavarotti de tagliatelle alle vóngole. Aussi en a-t-il importé une grande quantité. De lézards. Pas de tagliatelle. Les premiers essais se présentèrent sous un jour favorable. L'appétit du lézard n'accusait aucune faiblesse. L'appartement vide dans lequel on avait procédé à l'expérience se trouva nettoyé de tout cafard en trois jours. Et le lézard avait toujours faim. On le transporta donc, vers 5 heures de l'après-midi, dans un appartement occupé et l'on revint le lendemain matin s'enquérir du résultat du match lézard contre cafards. Le lézard n'avait pas encore gagné la guerre, mais il avait déjà remporté d'importantes batailles. Malheureusement, les habitants de l'appartement ne souhaitaient pas poursuivre l'expérience en raison du bruit émis par le lézard lorsqu'il attrape les insectes avec sa langue, bruit qui, selon ces personnes, se situe entre le bêlement du mouton et le jappement du Yorkshire. C'est pourquoi, selon toute probabilité, la ville de New York ne sera pas sauvée des cafards par un animal dont les savants assurent qu'il était déjà sur terre il y a 160 millions d'années.

Je vous souhaite le bonjour.

Nous vivons une époque moderne.

Heureux habitants du Jura et des autres départements français, le 12 février dernier, qui se trouvait être le jour de la Saint-Achille, le garde des Sceaux, ministre de la Justice du précédent gouvernement, avait prévu de visiter le service des Affaires européennes et internationales de son propre ministère.

Peu nous chaut ! vous entends-je murmurer dans le huis clos de vos salles de bains. Peu nous chaut ce que fit le ministre de la Justice qui ne l'est d'ailleurs plus le jour de la Saint-Achille. Peu me chaulait également, jusqu'à ce qu'un lutin bienveillant ne dépose dans ma boîte à lettres une copie de la circulaire interne au ministère fixant le protocole à observer à l'occasion de cette visite, circulaire dont je m'en vais vous lire les morceaux les mieux rissolés et qui détaille l'emploi du temps de cette journée mémorable pour les fonctionnaires concernés :

« 10 heures. Préparation de la salle de réunions par la cellule logistique. Vérification de l'ouverture à deux battants des portes du rez-de-chaussée et des portes palières d'étage.

14 heures 50. Mise en place d'une personne aux quatre premiers étages pour empêcher un arrêt intempestif de l'ascenseur.

Mademoiselle Machin, chef de la cellule logistique, emprunte l'ascenseur à partir du rez-de-chaussée et s'arrête à chaque étage pour vérifier qu'une personne s'y trouve ; elle redescend au rez-de-chaussée et bloque l'ascenseur, porte ouverte.

14 heures 55. Dès l'appel annonçant que le garde des Sceaux quitte son bureau :

– Le chef de cabinet s'avance à l'angle de la rue Saint-Roch et de la rue Gomboust pour voir arriver le garde des Sceaux et ses accompagnateurs. Prévoir un parapluie pour le chef de cabinet et le garde des Sceaux.

15 heures. Arrivée du garde des Sceaux.

Il prend l'ascenseur avec les membres de son cabinet, le chef du bureau de droit civil international et le chef de service jusqu'au cinquième étage (deux voyages, si l'ascenseur est trop exigu).

– Mademoiselle Machin ferme les portes donnant sur la rue, libère les personnes qui, à chaque étage, contrôlaient l'ascenseur et se rend dans la salle de réunions où elle accueillera les magistrats et les fonctionnaires qui y viendront immédiatement après la visite de leur bureau par le garde des Sceaux. »

Fin de citation.

Après quoi, le garde des Sceaux tient une réunion avec ses troupes et s'en retourne à 16 h 15 dans son bureau, raccompagné comme il avait été accueilli.

L'auditeur sachant auditer qui me fait tenir ce document suggère que ce protocole pourrait rappeler le Second Empire. Comme il y va ! N'oubliez pas que c'était la Saint-Achille et pensez à ce qu'eût été le cérémonial d'une visite interne du garde des Sceaux si le 12 février avait été la Saint-Agamemnon,

Le roi barbu qui s'avance,
bu qui s'avance.

Je vous souhaite le bonjour.
Nous vivons une époque moderne.

Heureux habitants du Loir-et-Cher et des autres départements français, je ne dis pas ça pour vous faire peur, mais les écologistes gagnent du terrain chaque jour, non seulement aux élections, mais encore dans les esprits et dans les cœurs. Et non seulement dans les esprits et dans les cœurs, mais encore au Japon. Le Japon dont certaines industries se voient reprocher de n'avoir cure de certains animaux qu'elles utilisent pour la fabrication de leurs produits. Car le Japon n'usine pas seulement des automobiles, des ordinateurs, des lecteurs de disques compacts ou des composants électroniques. Le Japon manufacture aussi des peignes, des barrettes, des broches et des montures de lunettes. Et en quoi ces peignes, ces barrettes, ces broches et ces montures de lunettes ? En tortue. Ou du moins en écaille de tortue. Or l'écaille de tortue est comme la défense d'éléphant. Je veux dire par là qu'elle est l'objet d'une réglementation internationale qui en interdit le commerce afin de protéger ce sympathique reptile que seul le lièvre craint.

Par quoi nos artisans remplaceront-ils la tortue ? s'est demandé le fameux MITI, le ministère nippon du Commerce extérieur et de l'Industrie. Et, pour répondre à cette question, le MITI a octroyé à des chercheurs une subvention de 108 millions de francs. Après qu'ils ont eu dépensé ces 108 millions de francs, les chercheurs japonais ont remis leurs conclusions : l'écaille de tortue peut être avantageusement remplacée par de la carapace de cafard ! La voilà bien, l'inconséquence des écologistes ! Pourquoi le cafard devrait-il endurer ce que l'on prétend épargner aux tortues ? Pourquoi cet insecte orthoptère et nocturne n'aurait-il pas lui aussi une âme qui s'attache à notre âme et la force d'aimer ? Parce qu'il a des élytres mous, comme tous les orthoptères ? Mais au nom de quoi justifier cet anti-élytrisme primaire ? Parce qu'il a des ailes postérieures pliées dans le sens de la longueur tout comme les phasmes et les forficules également appelées perce-oreille ? De vous à moi, j'aimerais bien savoir à quoi les chercheurs japonais ont dépensé les 108 millions de francs du MITI car, indépendamment du préjudice moral causé aux orthoptères sous prétexte que Brigitte Bardot ne les a pas pris sous ses élytres, voulez-vous me dire à quoi cela ressemble de se coiffer avec un peigne en cafard ? Si l'on nous réduit à cette extrémité, je jure solennellement de me laisser tomber les cheveux.

Je vous souhaite le bonjour.

Nous vivons une époque moderne.

Heureux habitants des Alpes-de-Haute-Provence ci-devant Basses-Alpes et des autres départements français, je ne vous apprendrai rien en vous disant qu'il s'en passe de belles dans la province chinoise du Hu-Nan, entre le Thu-Peï et le Kuang-Tung au sud du Chiang-si et à l'est du Kueï-chou, là où coule le fleuve Hsiang-Chang entre de rudes vallées montagneuses et sauvages peuplées de Chinois sauvages et montagnards.

L'un de ces sauvages montagnards nommé Zhang avait engrossé son épouse de ses œuvres. Mme Zhang était en train d'accoucher, aidée de sa sœur, selon la coutume, tandis que, toujours selon la coutume, M. Zhang s'envoyait un carafon d'alcool de riz avec quelques autres sauvages montagnards. Soudain, la belle-sœur de Zhang, donc la sœur de l'accouchée, se présenta à lui tenant dans ses bras un nouveau-né emmailloté et braillant, selon la coutume. « C'est une fille », déclara-t-elle à son beau-frère. Zhang ne fit alors ni une ni deux et, sans même prendre le temps de finir son carafon, il prit le nouveau-né et alla le jeter dans la forêt la plus proche, selon la coutume. Car la sage coutume chinoise veut que la naissance d'une fille soit une disgrâce absolue, surtout quand le gouvernement n'autorise pas les Chinois à mettre au monde plus de deux enfants.

Ici s'arrêterait l'histoire de Zhang si son chien – dont le nom m'est malheureusement inconnu – n'avait pas veillé au grain. Mais il veillait et pas seulement au grain. Aussi le lendemain rapporta-t-il le nouveau-né en le traînant par le bras et le déposa-t-il sur le seuil de la maison de Zhang. Lequel Zhang, alors qu'il s'apprêtait à repartir plus loin dans la forêt rejeter le fruit de ses œuvres s'aperçut qu'au-dessous du nombril se trouvait un appendice tendant à prouver que sa belle-sœur lui avait raconté du pipeau. La fille était un fils. Le sang de Zhang ne fit que quelques tours. On convoqua la belle-sœur qui reconnut qu'elle avait menti par jalousie, n'ayant elle-même procréé que des créatures inférieures du sexe féminin.

Sur ces entrefaites, la belle-sœur se retira chez elle honteuse et confuse. Si honteuse et si confuse qu'elle avala illico une boîte d'insecticide et partit rejoindre ses honorables ancêtres.

De cette histoire, aussi véridique que toutes celles qui alimentent cette chronique matutinale, on conclura :

1) que l'insecticide est fatal aux belles-sœurs infanticides ;

2) que le Chinois est bien ingrat qui mange du chien ;

3) que nous vivons une époque moderne mais que quand même il y a des nuances.

Je vous souhaite le bonjour.

Heureux habitants du Puy-de-Dôme et des autres départements français, ça n'est pas pour me vanter, mais la température a l'air d'avoir été informée qu'il lui fallait se plier aux décrets des technocrates et donc de s'être mise à l'heure d'été. Sans vouloir me risquer à de trop hasardeuses prédictions, plus ça ira, plus nous nous rapprocherons du mois de mai, mois qui fut autrefois célèbre sous le nom de mois de Marie et qui l'est désormais en raison de ses nombreuses semaines des quatre jeudis et du fait encore inexpliqué que certains bureaux parisiens se vident en raison du festival de Cannes et de l'approche de la Saint-Roland-Garros qu'il est d'usage de célébrer en allant asseoir son derrière au stade en fumant un gros cigare pour montrer à quel point l'on est sportif.

Mais l'approche de l'été, c'est surtout la perspective terrifiante de devoir vérifier que l'on rentre toujours dans son maillot de bain. C'est pourquoi les marchands de gris-gris alimentaires sortent de l'ombre par milliers pour occuper les magazines et vous vendre de quoi fondre et surtout fondre de là... Après le haricot du Mexique qui enlève les poignées d'amour, après l'ananas qui mange les graisses, après le jus de salsepareille qui dissout les tissus adipeux, après la tisane qui resculpte les fesses, après la petite bouteille mystérieuse à 300 F qui aplatit les estomacs, après le régime à base exclusive de boudins de sauterelle, après la diète agro-biologique au parfum mélangé de groseille et de betterave, après les fruits rouges et les radis noirs, les contes bleus sont de retour : maigrissez en mangeant, maigrissez sans manger, mais mai-gri-ssez.

A toutes celles et ceux qui, comme Mlle Martin et moi-même, vont songer à décider d'envisager de projeter d'avoir l'intention de caresser l'idée de prévoir de songer à programmer d'avoir envie d'ébaucher quelque chose comme un régime alimentaire, je voudrais apporter le soutien, le réconfort et les encouragements du service public de radiodiffusion en leur citant l'exemple de Vitorino Admirez Moreno da Costa. Vitorino Admirez Moreno da Costa exerce au Brésil la grossissante profession de cuisinier. C'est la raison pour laquelle, à l'âge de 44 ans, il pesait 320 kilogrammes. Je dis bien il pesait, car c'était il y a un an. Aujourd'hui, sa balance n'affiche plus que 96 kilos grâce à un régime à base de blanc de poulet. Vitorino Admirez Moreno da Costa a donc perdu 224 kilogrammes. Eh bien, croyez-le ou non, j'ai additionné le poids de Mlle Martin et le mien personnel et j'ai ainsi calculé que Vitorino Admirez Moreno da Costa nous a perdu tous les deux, et même deux fois.

Je vous souhaite le bonjour.

Nous vivons une époque moderne.

Heureux habitants des Bouches-du-Rhône et des autres départements français, ça n'est pas pour me vanter, mais j'ai reçu un courrier sous lequel je ploie après m'être, dans une récente chronique matutinale, étonné que le recteur d'une académie ait pu ouvrir un concours de documentaliste pour lequel il était impératif d'être titulaire du baccalauréat ou d'être une femme de plus de 45 ans, mère d'au moins trois enfants. Espèce d'âne rouge, m'écrit charitablement une Spinalienne, je veux dire une habitante d'Épinal, grand serin, m'écrit un Clodoaldien, je veux dire un citoyen de Saint-Cloud, cornichon, m'apostrophe un Ruthénois, j'entends un électeur de Rodez, c'est la règle qui s'applique depuis une sacrée lurette dans l'administration, notamment dans celle de l'Éducation nationale. Aussi un Dieppois me cite-t-il un exemple des concours pour lesquels une licence est exigée, sauf si on est trois fois mère. Une Parisienne me certifie qu'au concours dit extérieur de l'École nationale d'administration il est licite de se présenter si l'on est une dame qui a passé la quarantecinquaine et pourvu que l'on puisse présenter ses trois petits aux personnes chargées des inscriptions.

Cette règle est sûrement excellente, sinon le gouvernement dans sa sagesse ne l'aurait pas édictée. Mais ne souffre-t-elle pas d'une certaine imprécision ? Les trois enfants doivent-ils être l'œuvre d'un même père ? Si trois enfants permettent de se présenter à un poste qui normalement est réservé aux titulaires d'une licence, combien d'enfants permettront-ils d'accéder à une fonction réservée à des docteurs ? Les enfants adoptés comptent-ils comme des enfants tout court ? Qu'en est-il des enfants adultérins ? Des bâtards ? Les trois enfants doivent-ils avoir été mis au monde en trois fois ou peuvent-ils être constitués d'une paire de jumeaux plus un tout seul ? Est-ce que les triplés sont admis ? Si l'un ou plus des trois enfants a été conçu pendant les vacances scolaires, est-il ou sont-ils comptabilisables parmi les enfants qui ouvrent droit au concours ?

Vous le voyez, les questions ne manquent pas qui sont soulevées par cette règle en apparence si simple. J'y ajoute l'interrogation pressante que m'adresse une auditrice lyonnaise. Je cite : « Au fait, quelle est la quotité d'enfants exigée pour devenir chroniqueur matutinal à France-Inter ? » Ah, madame, pour devenir ce que vous dites, les enfants, il ne faut point les faire, il faut seulement tâcher de ne pas les dépasser en sagesse.

Je vous souhaite le bonjour.

Nous vivons une époque moderne.

Heureux départements des Deux-Sèvres et des autres départements français, voilà déjà lurette que j'entends un sourd reproche qui monte du huis clos de vos salles de bains : pourquoi, murmure ce reproche, ne nous donnes-tu pas de nouvelles de l'homme de Similaün, cestui-là même dont on retrouva le cadavre intact et congelé en septembre dernier et qui mourut il y a 4 500 ans, nous disent les savants, un jeudi vers 16 h 12 ?

Je reconnais que j'ai manqué à mon devoir, et ce d'autant plus que des nouvelles, il y en a de nouvelles. D'abord, l'homme de Similaün s'appelle Ötzi, ou du moins les spécialistes de l'Institut d'anatomie d'Innsbruck l'ont-ils baptisé ainsi. Ensuite, on sait de quoi il est mort : ni d'indigestion ni d'un chagrin d'amour, mais à la suite d'une crise d'épilepsie. Et par quoi fut provoquée la crise ? C'est là où les savants m'épatent : à force de triturer la momie d'Ötzi, ils ont découvert que ce brave préhistorique s'était égaré très haut dans les montagnes et quand il s'en est rendu compte, la frayeur l'a saisi car on lui avait enseigné que seuls les dieux pouvaient vivre à ces altitudes. Cela lui a fait un tel choc qu'il est tombé raide mort à la fleur de ses 42 ans. Ne me demandez pas comment les savants savent tout cela : l'essentiel est qu'ils le sachent. Remarquez qu'Ötzi n'était pas seulement épileptique : il avait – je suis confus de donner ce détail à ceux d'entre vous qui prennent leur petit déjeuner –, il avait des champignons entre les doigts de pied. Et le plus extraordinaire, c'est qu'après 4 500 ans, ces champignons sont toujours vivants et actifs car la glace les a conservés en état de latence.

La conservation de ces champignons a donné une idée à deux professeurs italiens. Pourquoi le froid du glacier n'aurait pas également gardé intacts les spermatozoïdes du brave Ötzi ? Et si on ranimait ses spermatozoïdes, se sont dit les deux professeurs ? On les prélève, on fait réchauffer les cellules reproductrices appelées gamètes – d'où l'expression faire réchauffer sa gamète – et on te me les implante *in vitro* dans des ovules empruntées à des dames pour les besoins de la cause. Idée magnifique et qui pourrait bien aboutir à la naissance de plusieurs petits êtres à moitié préhistoriques et à moitié modernes, voire post-modernes. Hélas ! cette idée n'a qu'une chose contre elle : les deux savants qui la présentent dans une revue scientifique ont daté leur article du 1er avril. Ne me dites pas que leur poisson n'est pas frais, je l'avais gardé au congélateur.

Je vous souhaite le bonjour.

Nous vivons une époque moderne.

Heureux habitants de la Haute-Saône et des autres départements français, la France est, comme nul ne l'ignore, le pays des fromages et des associations. Parmi les 600 000 associations de la loi de 1901 que compterait notre patrie et qui permettent à 600 000 personnes de recevoir du courrier où on les appelle M. le président (dans certains cas, Mme la présidente), il en est un bon peu qui publie un bulletin périodique. C'est le cas d'une association baptisée « La Fraternité des veuves » et qui fait imprimer un mensuel du même nom.

La veuve se double assez souvent d'une grand-mère, et c'est sans doute pourquoi « La Fraternité des veuves » a eu l'idée de publier une enquête réalisée auprès d'enfants fréquentant les écoles primaires qui ont été incités à répondre à la question : « Pour toi, qu'est-ce qu'une grand-mère ? » Souffrez, je vous prie, que je vous donne à méditer quelques-unes des réponses de cette marmaille.

« Une grand-mère est une femme qui n'a pas d'enfants à elle. C'est pour ça qu'elle aime les enfants des autres. Les grand-mères n'ont rien à faire. Elles n'ont qu'à être là. Quand elles nous emmènent en promenade, elles marchent lentement, à côté des belles feuilles et des chenilles. En général, elles sont grosses, mais pas trop pour pouvoir attacher nos souliers. Elles savent qu'on a besoin d'un deuxième morceau de gâteau. Quand elles nous lisent des histoires, elles ne sautent jamais un bout, et elles n'ont rien contre si on réclame la même histoire plusieurs fois.

« Les grand-mères portent des lunettes et, parfois, elles peuvent même enlever leurs dents. Elles ne sont pas aussi fragiles qu'elles le disent, même si elles meurent plus souvent que nous. Elles sont les seuls adultes qui ont toujours du temps. Elles savent être sourdes quand il le faut pour ne pas nous gêner quand nous sommes maladroits. » Fin de citation.

A ce florilège de grand-mérophilie qui nous ferait presque regretter d'attacher nos souliers nous-mêmes avant d'aller marcher à côté des belles feuilles et des chenilles, qu'est-ce qu'un adulte qui n'a pas de temps pourrait ajouter comme conclusion ? Aucune qui soit vraiment dans le ton. C'est pourquoi j'emprunterai la mienne à un enfant de 8 ans qui aura résumé la pensée de tous ses congénères en déclarant, je cite : « Tout le monde devrait essayer d'avoir une grand-mère ; surtout ceux qui n'ont pas la télé. »

Je vous souhaite le bonjour.

Nous vivons une époque moderne.

Heureux habitants de l'Oise et des autres départements français, ce n'est pas que je veuille vous flatter, mais je pense que la plupart d'entre vous se sont rendu compte de l'ouverture avant-hier du parc Disney, dans la plaine de Brie, où l'on chante désormais :

Dans les plaines de la Brie, quand vient la nuit
Les cow-boys près du bivouac sont réunis...

Le lendemain de cette ouverture, donc hier, je trouve dans mon courrier une lettre d'un auditeur sachant auditer et qui appelle mon attention sur un livre du regretté Jean Giono, publié par M. Gallimard et intitulé *La Chasse au bonheur*.

Et quel rapport, chroniqueur matutinal et vaticinant, entre Jean Giono et la souris à but lucratif de M. Disney ? Eh bien, que la lecture de Giono peut nous rappeler que tous les États-Unis ne se résument pas à des parcs d'attraction standardisés. Giono écrit en effet, je cite : « Les sentiers battus n'offrent guère de ressources, les autres en sont pleins. Je lis dans le *Geographia Magazine* une annonce pour un hôtel de Detroit dans le Michigan. C'est le Book Cadillac Hotel et l'annonce est rédigée de la façon suivante : "Venez nous voir pendant l'hiver. Notre ville est sans aucun intérêt. Elle n'a pas de monuments historiques. Il y fait très froid. Il y pleut souvent, ou alors il neige, d'une neige de ville dépourvue d'attraits. Notre hôtel est organisé pour offrir des plaisirs douillets. Nos lits ont été étudiés pour offrir le plus grand confort possible et surtout pour être des endroits voués à la lecture. Lire au lit dans le silence, dans la paix, dans la chaleur et dans une lumière étudiée est un des plus grands plaisirs de la terre. Notre bibliothèque comprend 20 000 volumes. Un catalogue précis et clair vous permet de choisir le livre que vous désirez. Le Book Cadillac Hotel est l'hôtel où l'on a le temps de lire dans le confort le plus absolu et sans être dérangé." » Fin de citation.

Je ne sais pas si le Book Cadillac Hotel qui enchantait Giono existe toujours, mais je promets de me renseigner et de vous tenir au courant. Et si le texte que j'ai eu le plaisir de vous lire a donné à ceux d'entre vous qui ne sont pas encore trop éloignés de leur lit une envie appuyée de retourner y trouver refuge, de redresser leur oreiller et de passer leur journée à voyager dans un livre, qu'ils se laissent aller et, si, demain, leur patron les engueule, qu'ils prennent un air mystérieux et qu'ils répondent : « Hier, ma religion m'interdisait de travailler. Vous n'avez pas entendu la radio : ils ont dit que c'était la Saint-Giono. »

Je vous souhaite le bonjour.

Nous vivons une époque moderne.

Heureux habitants du Lot-et-Garonne et des autres départements français, ça n'est pas pour me vanter, mais je suis en mesure ce matin de vous annoncer une nouvelle de nature à réjouir les uns et à rendre les autres maussades, mais enfin, ça y est, la décision est prise. Le Parlement européen était pour. Les communistes italiens étaient contre. Le pape avait décidé de ne pas s'en mêler, bien que ce soit à son prédécesseur Pie IV que l'on doive le problème. Le professeur Mancinelli a longuement hésité mais, au bout de quelque temps, la décision s'est imposée à lui pour des raisons purement matérielles et techniques. Il faut dire que, avant que Daniel de Volterra ne prenne les pinceaux qu'on lui avait dit de prendre pour faire le travail qu'on lui avait dit de faire, des ouvriers avaient commencé par gratter le mur justement aux endroits jugés problématiques.

Et les endroits problématiques, il n'en manquait pas. Sur une pareille superficie, ce n'est guère étonnant. Pensez que les travaux avaient commencé au printemps 36 pour ne s'achever qu'à l'orée de l'hiver 41. 1536 et 1541. On a beau s'appeler Michel-Ange, peindre la paroi située au-dessus de l'autel de la chapelle Sixtine, ça demande un peu de temps. Peut-être d'ailleurs est-ce parce qu'il manquait de temps que Michel-Ange décida de représenter tous les personnages de son *Jugement dernier* aussi nus qu'à leur premier jour. En tout cas, à peine était-il mort, Michel-Ange, que Pie IV décida de faire mettre des caleçons à tout le monde, à commencer par saint Pierre qui avait le derrière à l'air et dont le devant pouvait distraire les chrétiennes et même quelques chrétiens des chemins de la prière. Ainsi Daniel de Volterra, dont je vous parlais plus haut, fut-il chargé de culotter les saints aussi bien que les damnés. Mais lorsque l'on entreprit, il y a quelques années, de restaurer la Sixtine, la question se posa de savoir si l'on enlèverait les culottes apocryphes et si l'on rétablirait chacun dans sa nudité originelle.

Pendant que l'on disputait de la chose, le professeur Mancinelli examinait la fresque de très près et, dans un coin, commençait à enlever un pagne abusif placé sur les organes de la génération d'un jeune homme. Or, sous le pagne, le professeur ne trouva pas plus d'organes de la génération que vous ne dénicheriez de strip-teaseuse à Téhéran, de trapéziste au Vatican ou de socialiste à l'Élysée. Dans sa rage pudibonde, Pie IV avait d'abord ordonné que l'on grattât les parties offensantes, avant que Daniel de Volterra n'y peignît ses cache-sexes. Et c'est pourquoi je suis en mesure de vous dire que saint Pierre gardera son caleçon. Je me demande bien en quoi cela pouvait intéresser le Parlement européen.

Je vous souhaite le bonjour.

Nous vivons une époque moderne.

Heureux habitants de la Seine-et-Marne et des autres départements français, ce n'est pas trop solliciter votre mémoire que de vous demander si vous vous rappelez quel film a raflé la plupart des Oscars distribués le mois dernier. Contrairement aux prévisions des pronostiqueurs, c'est *Le Silence des agneaux* qui a cumulé le plus grand nombre de statuettes, autrement dit l'histoire d'Hannibal le cannibale, un « serial killer », comme on dit aux États-Unis, autrement dit un assassin multirécidiviste. Les commentateurs ont suggéré que si l'histoire d'Hannibal le cannibale avait eu autant de succès, ce n'est pas seulement grâce aux qualités du réalisateur et des comédiens, mais aussi parce que l'actualité étatsunienne est plutôt riche en assassins multirécidivistes, cannibales ou végétariens.

Il n'en fallait pas plus pour qu'une entreprise de fabrication de jeux pour enfants et adolescents mette sur le marché un jeu des sept familles renouvelé dans lequel, à côté de la famille des dictateurs, de la famille des trafiquants de drogue et de la famille des gangsters, on trouve une famille des assassins multirécidivistes. Les jeunes Étatsuniens peuvent donc désormais se divertir en demandant « dans la famille des assassins multirécidivistes, je voudrais Ramon Salcido, qui a tué sa femme, ses deux filles et quatre autres personnes ». Pioche. Avec de la chance, on peut piocher Jeffrey Dahmer, encore un qui mangeait ses victimes, ou Marcel Letito qu'on a arrêté après son trentième meurtre. Pour que le jeu soit tout à fait éducatif, les cartes portent d'un côté l'effigie de l'assassin et, de l'autre, le palmarès de ses crimes.

Certains Étatsuniens, qui redoutent pour leurs enfants trop sensibles les effets de la banalisation de la violence, envoient, dit-on, leur progéniture s'instruire en Europe, pour peu qu'ils en aient les moyens. En Suisse, par exemple, pays réputé pour la suavité de ses mœurs et la rareté de ses cannibales. Si suaves soient-elles, les mœurs helvétiques n'en sont pas moins, elles aussi, susceptibles d'être affectées, et les Étatsuniens en quête d'un banc pour leurs enfants feraient bien d'y regarder à deux fois. Une institution pour enfants d'origine suisse-allemande vient en effet d'ouvrir en Helvétie francophone une succursale dont le fondateur a eu quelques démêlés avec la justice. On l'accusait d'attentats à la pudeur. Je dis zalapudeur parce qu'il n'avait pas molli sur la quantité d'attentats. Pourtant, dans ces affaires, il convient toujours d'observer la plus grande prudence : l'accusé prétend ne s'être livré à aucun attentat, mais avoir seulement, je le cite, « pratiqué une thérapie par attouchement des organes génitaux ». Et puis quand même, les enfants, il ne les a pas mangés.

Je vous souhaite le bonjour.

Nous vivons une époque moderne.

Heureux habitants de la Corrèze et des autres départements français, vous n'êtes pas sans savoir que, parmi les premières préoccupations du nouveau gouvernement, est la modernisation de notre industrie. Le rôle du chroniqueur matutinal n'étant pas seulement de vaticiner, mais aussi de manifester un sens civique qui ait valeur d'exemple, je considère comme un devoir de participer à la modernisation de l'entreprise à laquelle je dois ma pitance, Radio-France. Radio-France entretient deux orchestres symphoniques dont la renommée n'est plus à faire, mais dont on peut, me semble-t-il, examiner sérieusement l'organisation. Je dispose pour ce faire d'un manuel d'organisation des entreprises qui, à ses pages 139 et 140, publie, précisément, l'analyse qu'un groupe de spécialistes de l'organisation du travail a consacrée au fonctionnement d'un orchestre symphonique.

« On observe, écrivent ces experts, que les quatre joueurs de hautbois sont pratiquement inoccupés pendant les 9/10e du concert. Il importe donc de réduire leur nombre et de répartir leurs interventions plus régulièrement sur toute la durée du concert. De même, les douze premiers violons jouent manifestement exactement les mêmes notes au même moment. L'effectif de cette section doit être réduit drastiquement. Si un grand volume sonore est réellement nécessaire, il sera obtenu plus économiquement à l'aide d'amplificateurs électroniques.

« Il semble anormal de demander aux instruments à vent des efforts par moment excessifs. Ne serait-il pas plus judicieux de doter l'orchestre d'un compresseur qui distribuerait l'air aux instruments concernés ?

« En normalisant la durée de toutes les notes et en arrondissant à la croche, il serait possible de faire appel à des musiciens moins qualifiés et donc moins coûteux. Le coefficient d'utilisation du triangle est extrêmement faible. On a intérêt à utiliser plus largement cet instrument et même à en prévoir davantage. Son prix d'achat étant très bas, l'amortissement correspondant serait très rentable.

« Par ailleurs, il est inutile de faire répéter par les vents ce que l'on vient d'entendre par les cordes. En éliminant ces répétitions, on pourrait réduire de deux heures à vingt minutes la durée totale du concert ce qui entraînerait notamment des économies de chauffage et d'éclairage. »

Fin de citation.

On le voit, les orchestres symphoniques ont encore du chemin à parcourir avant d'atteindre la rentabilité dans leur organisation. Mais, à mon avis, la remarque la plus pertinente des conseillers en organisation figure dans leur *nota* brève :

« L'obsolescence des équipements utilisés doit être soulignée. Le programme du concert précisait que le premier violon jouait un instrument de plusieurs siècles. En appliquant des échéanciers d'amortissement raisonnables, la valeur de cet instrument est aujourd'hui quasi nulle. N'est-il pas nécessaire de prévoir l'investissement d'équipements plus actuels, donc plus efficaces ? »

Je vous souhaite le bonjour.

Nous vivons une époque moderne.

Heureux habitants de la Meuse et des autres départements français, avec votre permission, je vais adresser ma causerie matutinale d'aujourd'hui à la partie de mon auditorat qui appartient au même sexe que Mlle Martin. Les autres sont toutefois autorisés à tendre l'oreille, quoiqu'il s'agisse de conseils de beauté. Eh oui, mesdames, comme dirait Pierre-Yves Guilhen, j'ai découvert un produit dont son fabricant assure non seulement qu'il a été mis au point dans ses laboratoires et soumis à des tests scientifiques et à des contrôles physico-chimiques et micro-biologiques rigoureux, mais encore que ce produit mérite non pas le nom de produit de beauté mais – je cite et qu'il me pousse des furoncles sur le nez si je mens – de « sublimateur de beauté ».

Et que contient ce produit pour vous faire passer, petite madame, de belle à sublimement belle ? Eh bien, il contient de l'or. « Des particules d'or en suspension dans un gel cristallin – je cite toujours, et Mlle Martin peut témoigner que mon nez est indemne de tout furoncle –, des particules d'or, donc, qui se fondent dans votre peau pour lui transmettre les précieuses vertus de ce métal. »

D'après le fabricant qui doit se ronger les ongles en se demandant si oui ou non je vais dire son nom, mais il peut toujours compter là-dessus et boire de l'eau claire, d'après le fabricant, donc, ce sublimateur de beauté constitue, je recite, un « soin-bijou » qui « donne un visage lisse, illumine le visage et lui confère l'aura de l'or ». Car en effet, comme on ne doit pas dire, « dès l'application, l'or dépose son éclat et sa lumière à la surface de votre épiderme pour le sublimer ».

Sublimer votre épiderme ou même le mien, ce n'est déjà pas rien, mais figurez-vous que mon produit ne s'arrête pas à cette besogne pourtant titanesque. Si j'en crois son prospectus, « il capte les radicaux libres » et exerce ainsi une action de prévention contre le vieillissement. Voilà qui va permettre de renouveler l'air fameux du *Faust* du regretté Gounod et de chanter désormais :

Le veau d'or est vainqueur du vieux !

Je vous souhaite le bonjour.

Nous vivons une époque moderne.

Heureux habitants des Hautes-Pyrénées et des autres départements français, ça n'est pas pour me vanter, mais j'ai l'intention ce matin devant vos oreilles écarquillées et avec le soutien, d'ailleurs indéfectible, de Mlle Martin et la permission en quatre exemplaires de mon rédacteur en chef Patrice Louis, j'ai l'intention, donc, de me livrer devant vous à un agrandissement du grand marché européen. Pas moins. Et je ne crains pas de vous annoncer que cet agrandissement sera simultanément géographique et renouvelé d'une tradition de commerce inexplicablement disparue de nos usages.

Commençons par la géographie : il s'agit d'importer dans notre contrée un produit *made in Roumania* et venant donc d'au-delà des frontières de l'Europe communautaire. Importer quelque chose de la Roumanie ! La tarentule vous aurait-elle piqué, oncle Philippe, se demande la plupart d'entre vous dans le huis clos de leur salle de bains. Que nenni, auditeurs de peu de foi. Souffrez seulement que je vous lise l'encart publicitaire paru dans un journal d'annonces de la bonne ville de Lyon et à moi envoyé par un Franceintérien baptisé du sylvestre prénom de Sylvestre. Voici l'affaire, telle que je l'ai sous les yeux :

« Elles ont de 18 à 40 ans, elles sont belles, sérieuses,

instruites, elles ne veulent pas gâcher leur jeunesse dans un pays qui ne leur laisse que peu de chances de s'épanouir. Elles sont roumaines. (Elles sont roumaines est écrit en caractère gras, ce qui m'a paru inutile car le caractère gras de cette réclame saute aux yeux sans qu'il soit besoin de forcer sur l'encre.) Elles sont roumaines donc, et (je poursuis) strictement sélectionnées et suivies (...). Elles sont des centaines et vous attendent. » Fin de citation.

Le dessin qui accompagne cette réclame représente une créature dont l'opulence n'est pas contestable et à laquelle l'artiste a conféré un regard que j'irai jusqu'à qualifier de très décolleté, si vous voyez ce que je veux dire. Suivent le nom et le numéro de téléphone d'une officine qui m'a conduit à me poser une question que je ne crains pas de formuler à voix haute : y a-t-il une TVA sur les produits de la traite des blanches et, si oui, de combien ?

Je vous souhaite le bonjour.

Nous vivons une époque moderne.

Heureux habitants du Finistère et des autres départements français, il arrive à l'homme d'être animé de désirs simples, tel celui de s'acheter une montre. C'est dans cet honnête dessein qu'un mien correspondant pénétra, il y a peu, dans un négoce d'horlogerie et s'enquit d'une montre-bracelet d'un prix abordable, capable de lui donner l'heure exacte, la date avec le nom du jour de la semaine et de fonctionner aussi bravement à l'air libre que dans un milieu liquide.

On lui présenta un modèle à 350 F susceptible de lui donner toute satisfaction et tout auréolé du prestige de l'industrie nippone. L'affaire fut conclue et notre homme rejoignit ses pénates. Là, après avoir fièrement ceint son poignet de sa nouvelle montre, fantaisie lui prit d'en lire avec attention le mode d'emploi. La lecture des modes d'emploi – également baptisés notices de fonctionnement – est un exercice que l'on doit déconseiller aux personnes dont le cerveau est susceptible d'atteindre rapidement la température de l'ébullition. Aussi, la simple montre à 350 F se trouvait-elle dotée, selon son mode d'emploi, d'une fonction tachéomètre. Jusque-là notre homme avait vécu sans aucun engin exerçant la fonction tachéomètre. Peut-être s'était-il privé d'un grand plaisir. Aussi se précipita-t-il sur son dictionnaire. Tachéomètre :

instrument dérivé du théodolite. Ah ! Théodolite : instrument de visée qui sert en géodésie à mesurer les angles horizontaux et verticaux, à lever les plans et à déterminer l'azimut et la hauteur apparente d'un corps céleste.

Formidable, se dit notre homme, voilà que je vais pouvoir d'un coup de poignet lever des plans nivelés et déterminer la hauteur apparente des corps célestes. Et il se plongea derechef dans la lecture de son mode d'emploi pour apprendre comment il allait pouvoir éblouir sa famille en se livrant négligemment à ces exercices. Pour utiliser le tachéomètre, lui expliqua sa notice, « lorsque le mode de réglage de distance est sélectionné sur le mode de réglage de distance alarme compte à rebours, ce mode fonctionne comme un tachéomètre ». C'est tout ? Presque. Il est précisé ensuite que « lorsque le mode alarme compte à rebours est sélectionné sur le mode de réglage de distance alarme compte à rebours, ce mode fonctionne comme un chronomètre ».

Après un week-end de méditation-expérimentation sur les bases de la notice d'emploi dont je viens d'avoir l'honneur de vous faire lecture, notre acheteur de montre se trouvait dans l'incapacité de dire l'heure, de situer le jour de la semaine ou de préciser la date, mais il prétendait être parvenu à mesurer les angles verticaux et horizontaux du tapis de sa salle à manger dont il était en train de manger la seconde moitié lorsque sa famille rentra du mariage d'une arrière-cousine et se résolut à composer le 15 sur l'écran du téléphone, instrument heureusement délivré aux ménages sans notice de fonctionnement.

Je vous souhaite le bonjour.

Nous vivons une époque moderne.

Heureux habitants du Cantal et des autres départements français, j'ignore si, comme on l'entend souvent dire à la radio, nous vivons une époque moderne, mais il n'est guère contestable que les époques qui ont précédé la nôtre nous livrent un nombre croissant de leurs secrets. Ici on retrouve des pirogues intactes, qui datent pourtant de deux dizaines de siècles avant l'invention de la traversée du Pacifique à la rame, là les glaciers nous rendent des chasseurs de plus de quatre mille ans en bien meilleur état que le président Poher. Mais la découverte récente qui m'a personnellement le plus touché a été le fait d'archéologues britanniques, plus précisément de l'université de Southampton.

Ces savants ont fouillé autour et alentour du manoir de sir Thomas Cawarden, lequel exerçait la charge d'intendant des cuisines de Sa peu Gracieuse Majesté Henri VIII. Et que croyez-vous qu'ont trouvé les archéologues en creusant autour du manoir de sir Thomas ? Ils ont trouvé les poubelles et, dans les poubelles, des quantités pharaoniques de restes de mammifères, d'oiseaux et de poissons. A partir de ces os et de ces arêtes, nos savants ont recomposé les menus du roi et de ses commensaux. Dieu, les braves gens : dans un pâté en croûte, ils faisaient entrer poulet, canard, bécasse, sarcelle, bœuf, moelle de bœuf, jaunes d'œufs durs, prunes, raisins et dattes. Aux arêtes et aux os retrouvés chez sir Thomas avaient été arrachées trois tonnes de chair. La chair de hérons, de bécasses, de bécassines, de pigeons, de cailles, de canards, d'oies, de pluviers dorés, plus d'une douzaine d'oiseaux chanteurs, de lapins, de bœufs, de chevreuils, de porcs, de moutons et d'esturgeons, et de congres, et de grondins, et de carpes et de brochets et de morues et de harengs et d'aiglefins.

D'après les hypothèses des savants archéologues, ces quatre tonnes d'animaux auraient été englouties en deux banquets donnés par Henri VIII dans le manoir de sir Thomas. Tudieu, les vaillants Tudors ! Et il paraît que les jours sans banquet le roi n'absorbait pas moins de 5 000 calories. Il est vrai qu'il eut six femmes, en répudia deux, en épuisa une et en fit exécuter deux autres. Constatons que, depuis que l'on mange plus léger, les mœurs conjugales se sont sensiblement adoucies.

Je vous souhaite le bonjour.

Nous vivons une époque moderne.

Heureux habitants des Vosges et des autres départements français, nous allons étudier ce matin la question suivante : peut-il y avoir des sujets qui découragent le chroniqueur ? Oui, il peut y en avoir. Exemple ? Exemple : l'affaire des infirmières de Franche-Comté. Et pourquoi l'affaire des infirmières de Franche-Comté décourage-t-elle la chronique ? Parce qu'elle est trop compliquée ? Nullement. C'est parce qu'elle est invraisemblable, quoique vraie et réciproquement. Bon. Je vous la démonte, mais c'est sans espoir.

Juin 91 : 252 personnes obtiennent à Besançon le diplôme d'infirmier ou mière. Septembre 91 : on le leur retire pour vices de procédure, avec un s à vice. Les esprits simples pensent que deux mois est un long délai pour s'apercevoir de vices de forme. Les esprits simples ne sont pas au bout de leurs peines. L'un des deux vices est constitué par le non-respect scrupuleux du texte stipulant que les sujets de diplôme doivent être choisis par un jury composé de 350 personnes. J'ai bien dit 350. Personne ne respecte ce texte, disent les infirmières. Personne ne respecte ce texte, dit la directrice de l'Action sociale, cela multiplierait les risques de fuite. Personne ne respecte ce texte non respectable, confirme le préfet qui s'appuie derechef sur un texte irrespectable que personne ne respecte pour annuler 252 diplômes. Les esprits simples demandent qu'on leur apporte de l'acide acétylsalicylique car la tête commence à les faire souffrir.

Les 252 annulés sont convoqués pour un nouvel examen à cause du premier vice et du deuxième, c'est-à-dire du fait que l'un des sujets de juin avait été l'objet d'un examen blanc dans l'une des écoles d'infirmières. En attendant, quiconque de ces 252 se livrant à des soins infirmiers se rendrait-il coupable d'exercice illégal de sa profession ? Pas du tout : le préfet de Région déclare qu'il suspend, je cite, « les conséquences de l'illégalité ». Il en a un puissant suspensoir ce préfet-là ! Les esprits simples demandent à s'allonger.

Donc, le suspensoir du préfet est puissant. Pas assez pour entériner les résultats de l'examen de juin, mais suffisamment pour mettre la loi entre parenthèses, et même pour affirmer que le nouvel examen que devraient passer les 252 en octobre sera, je cite, « une formalité ». Donc on va tricher en octobre en pratiquant un favoritisme généralisé afin de confirmer un examen qu'on a annulé parce qu'on l'a cru entaché de favoritisme. Ça doit s'appeler l'homéopathie. Entre-temps, des infirmières illégales vont-elles se hasarder à exercer leur métier ? Si par malheur un client vient à leur défuncter entre les mains, le préfet a-t-il un suspensoir assez grand pour les protéger des poursuites de la famille ou peut-il même ressusciter les morts ? On a à peine le temps de se poser la question que le préfet s'aperçoit que son suspensoir a une rallonge et qu'il déclare l'examen de juin valide. Les esprits simples tournent de l'œil. Qu'on appelle une infirmière !

Je vous souhaite le bonjour.

Nous vivons une époque moderne.

Heureux habitants de la Haute-Savoie et des autres départements français, ça n'est pas pour me vanter, mais j'ai reçu de l'un de ces auditeurs qui sont le délice et la récompense de nos efforts matutinaux un document dans lequel mon correspondant suppute qu'il y a matière à chronique. Il s'agit de perles recueillies dans le courrier adressé par les assurés sociaux à leur caisse maladie. Je reconnais que la matière est abondante mais pour vraie qu'elle soit, puisque mon correspondant me l'assure, elle n'en est pas moins souvent invraisemblable.

Ainsi, n'est-il pas difficile de croire qu'on puisse se plaindre en ces termes de la Sécurité sociale : « Quand mon fils a eu cinq ans, la caisse m'en a coupé la moitié. » Ou encore : « Mon mari est mort depuis deux mois, que dois-je faire pour le sortir de la caisse ? » Ou enfin : « On a coupé les bourses à mon fils, et depuis il ne va plus à l'école » ?

J'écarte résolument le « j'ai ma femme à l'état de grossesse et je désire l'inscrire à la prénatation ».

En revanche, je suis prêt à admettre la phrase : « J'espère que vous aurez pitié d'un homme qui a sept enfants à manger plus sa femme et sa belle-mère. » Reconnaissons que cette perspective a de quoi faire perdre le sens de la syntaxe.

Moins plausibles, mais pas invraisemblables, me paraissent les phrases suivantes :

– Depuis que le docteur a dit à mon mari de prendre de la courtisane, il va beaucoup mieux.

– Mon mari pour le moment est décédé et, jusqu'au 20, la quinzaine, c'est loin…

– Suite au passage du contrôleur, veuillez m'envoyer un carnet de maternité.

Et enfin :

– N'étant pas chômeur, je me suis mis à ramasser des bouts de tôle pour faire manger mes enfants.

Évidemment, chacun est sensible au pathétisme qui imbibe ces errements grammaticaux, mais on ne peut pas non plus ne pas être émus par la veine poétique qui parcourt plusieurs de ces missives administratives. J'en ferai une brève anthologie de trois phrases.

Interrogé sur son statut conjugal par l'administration, un homme ne craint pas de déclarer : « Je vis maternellement avec ma concubine. » A cet aveu d'amour j'ajouterai cette expression d'une foi quasi mystique dans notre système de protection sociale d'une femme qui écrit : « Je me suis soignée avec des feuilles de maladie. » Et enfin, d'un homme qui avait sans doute beaucoup lu Prévert et peut-être même l'*Alice au pays des merveilles* de Lewis Carroll : « J'ai été victime d'un accident de la circulation provoqué par un chien en bicyclette. »

Je vous souhaite le bonjour.

Nous vivons une époque moderne.

Heureux habitants de l'Aube et des autres départements français, ça n'est pas pour me vanter, mais hier, j'ai, comme on dit dans les mauvais romans, emprunté le boulevard des Italiens à Paris. « J'aime flâner sur les grands boulevards... » En fait, je ne flânais pas, j'allais porter un petit pot de beurre et une galette à quelqu'un qui, quelqu'un que... à quelqu'un. Je marchais d'un pas plutôt nonchalant. On ne nonchale pas assez, surtout à Paris. C'est en nonchalant que l'on a les plus variées des surprises, et le chroniqueur matutinal qui déjà ne peut pas prendre le métro sans se demander si les passagers n'ont pas une tête de chronique parcourt les rues des villes dans l'espoir d'y trouver son sujet du lendemain.

Cet espoir, hier, fut exaucé au-delà de toute attente. Comme je m'avançais vers la place de l'Opéra, j'aperçus un couple composé de deux personnes de sexe dissemblable et chacune âgée d'environ 25 ans. C'est peu dire qu'ils s'embrassaient : ils étaient fortement soudés l'un à l'autre, leurs yeux, leur nez et leurs lèvres étaient si intimement mêlés, leur corps reposait si miraculeusement l'un sur l'autre que l'on avait envie de faire signe aux automobilistes de couper leur moteur et aux piétons de marcher sur la pointe des pieds pour que la ville leur appartienne entièrement. C'eût été d'ailleurs inutile : rien n'existait pour eux, rien n'aurait pu troubler leur fusion. « Ils sont ailleurs, très très loin de la vie dans l'éblouissante clarté de leur premier amour. »

Premier ou pas, je n'en savais rien ; au fur et à mesure que mon trajet me rapprochait d'eux, je me faisais la réflexion que les amoureux de l'automne sont encore plus précieux que ceux du printemps. Ceux qui s'embrassent sous le crachin réjouissent spécialement le cœur de l'homme et lui constituent une provision de chaleur humaine pour l'hiver.

En caressant ces pensées philanthropiques, je me rapprochais de plus en plus du couple enlacé. J'étais à quelques pas d'eux lorsqu'ils se désunirent, chose que l'on n'aurait pas cru possible tant ils semblaient scotchés l'un à l'autre pour toujours. Et lorsque je parvins à leur hauteur, j'entendis le garçon dire à la fille : « Bon, je vais t'écrire mon nom et mon téléphone. »

Je vous souhaite le bonjour.

Nous vivons une époque moderne.

Heureux habitants de l'Indre-et-Loire et des autres départements français, reconnaissons que l'homme, je veux dire le masculin de la femme, n'a pas toujours traité sa compagne avec délicatesse. Longtemps, il l'a même jetée à terre et tirée par les cheveux, coutume qui a perdu de la vigueur, même à Radio-France où, pourtant, tout ce qui est traditionnel nous est cher. Il faut dire aussi que la mode est aux cheveux courts.

Donc, il est arrivé à l'homme de se conduire comme la brute. Le fait est établi. Déplorons-le. Mais, au fil de mes lectures, je dois constater impartialement que la femme n'est pas non plus cette créature toute de douceur et de suavité qu'une mauvaise propagande nous présente grossièrement. Demandez plutôt à Mister Currithers. Mister Currithers, qui gagne honnêtement sa vie comme employé des transports publics de la cité de Londres, n'éprouve plus pour Mistress Currithers les tendres sentiments qui les poussèrent jadis à s'unir. La réciproque est vraie. Elle est vraie au point que Mistress Currithers, au cours de la dernière dispute conjugale, s'est précipitée sur son époux et, avec ses ongles, lui a arraché un testicule. M. Currithers s'est évanoui, moins à cause de la douleur, semble-t-il, qu'à la vue de son testicule ensanglanté dans la main de Mrs Currithers. L'objet n'a pas été retrouvé. Le chat de la voisine, peut-être...

Ainsi se dégradent les mœurs britanniques. Les mœurs étatsuniennes ne leur cèdent en rien. Dans l'État de Californie, on vient d'arrêter une sexagénaire portant le doux prénom de Barbara. Barbara rendait service à des messieurs seuls. Dans le domaine des jeux auxquels pouvaient se livrer deux cœurs solitaires, Barbara, détail charmant, aimait à mordiller son partenaire d'un moment. A mordiller, puis à mordre. Plus on s'approchait de ce que l'on appelle l'intimité du monsieur, plus la morsure était puissante. Cette habitude érotique avait conduit la plupart de ses clients à espacer leurs visites conformément au proverbe que l'on apprend au service militaire : un tiens vaut mieux que deux tu l'auras, mais deux tiens sont encore préférables. Bref, Barbara ne recevait plus de visites. C'était dommage, car Barbara est plutôt bonne fille. La preuve : ayant du temps libre, elle a recueilli sa vieille mère de 89 ans qui se morfondait dans un hospice. Lorsque la police, alertée par les voisins, a pénétré dans l'appartement de Barbara, celle-ci avait déjà si bien mordu sa maman que les agents ont ramassé par terre une bonne partie du visage de la vieille dame et la moitié des chairs de son avant-bras droit. Je connais des anciens clients de Barbara qui ont dû avoir des sueurs froides rétrospectives.

Mlle Martin, pourquoi me regardez-vous ainsi ? Vous aussi vous avez de bien grandes dents.

Je vous souhaite le bonjour.

Nous vivons une époque moderne.

Heureux habitants des Hauts-de-Seine et des autres départements français, il est peu de comédiens italiens à qui nous devions autant de bonheur qu'à Alberto Sordi. Personnellement, et sans vouloir me vanter, j'ai vu sept fois *L'Argent de la vieille* – en italien *Il scopóne scientifico* – dont une fois sous-titré en finnois et ça n'était pas ce qu'il y avait de moins triste. Le cher Alberto Sordi va sur ses 72 ans et, comme beaucoup d'anciens, il aime à se rappeler sa jeunesse et même à l'enjoliver quelque peu. « Le fascisme, c'était le bon temps, a déclaré l'Alberto. Avec le fascisme, j'ai fait du sport, j'allais au théâtre de marionnettes et, dans les gymnases de banlieue, il n'y avait pas de seringues par terre. » Sans partager totalement les vues de Sordi sur le caractère pédagogique et hygiénique du fascisme, il faut bien reconnaître qu'au jour d'aujourd'hui, dans bien des domaines, le laisser-aller est la règle, si je puis me permettre de risquer ce paradoxe. C'est pourquoi j'ai lu avec soulagement que dans le bourg de Tievolo, au nord de l'Italie, deux institutrices de maternelle s'employaient à maintenir très haute la bannière de la tradition.

Ô vous, auditeurs et trices qui entrâtes dans la vie scolaire après le capharnaüm de Mai 68, vous fûtes à peine élevés et guère mieux instruits. A Tievolo, si vous aviez bavardé en classe, on vous eût scotché les lèvres avec du ruban adhésif pour carton d'emballage. En cas de récidive ou si vous aviez souillé vos braies, on vous eût enfermés dans le placard à balais. Et, si vous vous étiez refusé à comprendre, les maîtresses vous auraient menacés de vous pendre. De vous pendre, je dis bien. A la poutre du préau de la cour de récré. C'est en voyant un jour leur fille pendre ses poupées au lampadaire du salon que les parents d'une élève de la maternelle de Tievolo ont découvert la nature du système pédagogique employé par les deux institutrices.

J'espère qu'Alberto Sordi a été rassuré par la nouvelle. Après tout, a-t-on vraiment besoin que le fascisme revienne ? L'essentiel est quand même que ses méthodes ne se perdent pas.

Je vous souhaite le bonjour.

Nous vivons une époque moderne.

Heureux habitants du Val-de-Marne et des autres départements français, j'ai entre les mains une rognure d'un quotidien américain, le *Wall Street Journal*, qui n'a pas l'habitude de publier des sornettes. Je souligne ce point parce que le doute pourrait vous effleurer de son aile.

La puissante compagnie Mc Donnell Douglas, qui construit des aéronefs, aimerait pouvoir proposer aux transporteurs aériens des avions très économiques. Or, comment rend-on un avion économique ? Pour que vous posiez une question pareille, il faut que vous n'ayez jamais emprunté Air Inter. On rend un avion économique en y faisant entrer le maximum de passagers en réduisant au minimum la place allouée à chacun d'entre eux. La seule personne que j'ai jamais vue voyager à l'aise sur Air Inter, c'est le nain Piéral. Encore un steward l'a-t-il menacé de le mettre dans le compartiment des bagages à main. Mais, revenons à nos moutons américains. La question qui se pose est celle de savoir combien de passagers supplémentaires on peut caser dans un avion tout en respectant les normes de sécurité, et notamment celles qui concernent les conditions d'évacuation. Mc Donnell Douglas pensait faire passer la capacité de l'un de ses avions de 293 sièges à 400. Cela suppose de renoncer à certaines issues de secours. Pour savoir à quel point ce renoncement complique l'évacuation de l'appareil, une seule solution : l'expérimentation humaine. Mc Donnell Douglas a donc recruté 400 personnes qui, en échange de 49 dollars, soit de 280,25 F au cours de ce matin, ont accepté de monter dans l'appareil et de participer à un exercice d'évacuation.

Premier service : 11 blessés dont 6 avec fracture d'un ou de plusieurs os. Qu'à cela ne tienne, on prend 11 cobayes dans l'équipe remplaçante et on recommence. Deuxième service : 32 blessés dont une femme de 60 ans paralysée depuis le bas du cou jusqu'aux rotules. Il y avait d'ailleurs, parmi les 400 cobayes, un fort pourcentage de personnes sur le versant de l'âge, recrutées dans des résidences de la région, afin que les conditions de l'expérience soient, je cite, « plus réalistes », fin de citation.

Bien que les résultats du deuxième exercice aient été sensiblement plus spectaculaires que ceux du premier, la compagnie Mc Donnell Douglas n'a pas jugé nécessaire de se livrer à un troisième essai. Comme l'a déclaré son porte-parole, je cite, « la procédure d'urgence a parfaitement fonctionné ». Quand elle risque de fonctionner imparfaitement, je suppose que, plutôt que d'offrir aux cobayes 49 dollars, la compagnie va jusqu'à 50. En apparence, ça coûte plus cher, mais si on ne paie que les survivants…

Je vous souhaite le bonjour.

Nous vivons une époque moderne.

Heureux habitants de l'Ain et des autres départements français, il n'y a pas que des mauvaises nouvelles en ce bas monde, on en trouve également d'exécrables. Nous autres journalistes n'avons pas toujours le temps de vous donner les exécrables, aussi nous contenterions-nous des mauvaises si je n'étais pas là pour prêter main-forte à mes confrères chargés des différents journaux.

Ainsi, par exemple, tout occupé par les massacres de Croates, voilà quelque temps que nous ne vous avons pas entretenu de l'Albanie. Eh bien, rassurez-vous, âmes inquiètes, en Albanie, tout empire. L'UNICEF vient de prélever sur ses fonds d'urgence 500 000 dollars pour expédier au pays de feu Enver Hoxha un million de sachets de sel de réhydratation pour que les enfants ne meurent pas de diarrhée et 150 tonnes d'aliments surprotéinés pour qu'ils tiennent le coup jusqu'à l'âge où ils pourront s'enfuir de ce qui reste de ce paradis communiste. Ça ne va peut-être pas suffire. On compte 34 décès pour 1 000 enfants en plaine et 40 pour 1 000 en montagne. 1 enfant sur 3 est sous-alimenté. Remarquez que le gouvernement albanais contribue de son mieux à ces problèmes de mortalité infantile : dans les hôpitaux, 6 femmes sur 100 meurent en accouchant. Ça diminue au moins le taux de mortalité !

Et en Irak, me direz-vous ? En Irak, ça va mal, merci, et le gouvernement fait aussi son possible : il offre aux Bédouins et à leurs enfants des primes qui montent jusqu'à 600 F pour récupérer les obus et les mines que la guerre a disséminés dans le désert et que la retraite des troupes de Saddam Hussein a laissés sur place. La libre circulation de l'information étant ce qu'elle est en Irak, on ne peut tenir un compte exact des adultes et des enfants qui ont laissé leur peau dans cette activité de ferrailleur spécialisé. On sait seulement que des enfants de 10 et 12 ans ont été vus s'occupant au déminage.

L'ennui, avec les nouvelles exécrables, c'est qu'on a tendance à se demander s'il ne faudrait pas faire quelque chose. Je me demande si les performances du gouvernement albanais et la pédagogie démineuse du gouvernement irakien ne mériteraient pas que l'on alerte les rédacteurs du *Guiness Book of Records*.

Je vous souhaite le bonjour.

Nous vivons une époque moderne.

Heureux habitants des Pyrénées-Orientales dont un auditeur vigilant quoique irrégulier me demande de signaler qu'elles pourraient s'appeler Pyrénées-Catalanes, et que ce ne serait pas plus mal car il est incontestable que les heureux habitants de Molitg, d'Enveitg ou de Saint-Michel-de-Cuxa sont plus catalans qu'orientaux. Heureux habitants, donc, de ces Pyrénées-là et des autres départements français, ça n'est pas pour me vanter, mais je détiens la preuve que le crime ne paie pas.

Cette preuve je l'ai obtenue grâce à une consœur qui tient à Rome le bureau de *La Tribune de Genève*, journal quotidien et fortement helvétique – ma consœur s'est intéressée de près aux travaux du médecin-légiste directeur de la morgue, savamment nommée l'Institut médico-légal – de Messine en Sicile.

Voilà trente-trois ans que le professeur Francesco Aragona découpe des mafieux morts et en scrute les intérieurs, qu'ils soient morts de mort violente, de mort accidentelle ou de leur bonne mort. Et savez-vous quelles sont les conclusions de son étude ? Eh bien pratiquement, elles sont qu'il vaut à peine mieux être un mafieux vivant qu'un mafieux mort.

Le stress dans ce métier, selon le langage moderne, je ne vous raconte pas. Les chances, si j'ose dire, de mourir d'infarctus sont infiniment plus grandes que celles de mourir par balles. En 1990, sur les premiers 58 morts de la mafia, 57 avaient les glandes surrénales toutes dépérites, ridées, maigrichonnes, recroquevillées, riquiquites, en un mot cachectiques et, de la cachexie à la privation de vie, il n'y a qu'un petit pas. Quant à leur cœur, thrombose par-ci, nécrose par-là, l'infarctus est derrière le myocarde, quant au péricarde et à l'endocarde, on ne les mentionne plus que pour mémoire.

Parmi les 1 700 morts mafieux du premier semestre 1990 – 1 700, parfaitement – se trouvaient deux adolescents de 17 et 18 ans. Leurs cœurs présentaient des lésions que l'on ne trouve que rarement chez des adultes quinquagénaires stressés, même chez un rédacteur en chef ou chez des passagers d'Air Inter en période de grève de contrôleurs du ciel.

Ma consœur de *La Tribune de Genève* se demande si les travaux du professeur Francesco Aragona vont aboutir à décourager les mafiosi de continuer à exercer leurs activités criminelles. Heureux tempérament de l'Helvète. N'est-il pas plus probable que les travaux du professeur Aragona serviront aux mafieux à demander des pensions d'invalidité au gouvernement de la péninsule. Voulez-vous gager qu'ils les obtiendront ?

Je vous souhaite le bonjour.

Nous vivons une époque moderne.

Heureux habitants de la Lozère et des autres départements français, j'aimerais ce matin, et sans vous commander, vous inviter à lever votre tasse de café ou votre tasse de thé ou votre verre de blanc à la santé de deux médecins américains, les docteurs Bushland et Knipling. S'il y avait une justice en ce monde et s'il y avait encore des peintres figuratifs, on serait en train de peindre ces deux savants le pied posé sur la poitrine de l'animal redoutable qu'ils viennent de terrasser, j'ai nommé la lucille bouchère. La lucille bouchère a beau porter un nom qui paraît sorti d'une aimable pièce de l'aimable Marcel Aymé, cette mouche à tête rouge est une tueuse comme on n'en trouve même pas dans les couloirs des chaînes de télévision.

Elle pond, la garce, sur les plaies les plus minuscules, et y infiltre ainsi trois ou quatre centaines d'œufs. D'iceux naissent des larves à l'intérieur même de l'animal ou de l'homme et ces larves te me vous bouffent de l'intérieur que si ça n'était pas l'heure du petit déjeuner je vous en ferais une description répugnante. En trois jours, une grosse brave vache est réduite à l'état de crevette.

La lucille bouchère vivait des jours carnivores dans l'Amérique du Sud. Allez savoir comment elle s'est retrouvée en Libye. A mon avis, c'est Khadafi qui a essayé d'en élever pour les lancer sur ses voisins et sur Israël, et il s'est encore mélangé les éprouvettes. Toujours est-il que, l'an passé, plusieurs dizaines de milliers de vaches libyennes ont été mangées debout par des lucilles bouchères. La FAO s'en est mêlée et a fait appel aux docteurs Bushland et Knipling. Ces deux savants ont mis au point une méthode de stérilisation des lucilles bouchers. Je veux dire des mâles de la lucille bouchère.

Pendant six mois, une fois par semaine, quarante millions de lucilles bouchers ainsi traités ont été expédiés par avion des États-Unis en Libye. Ensuite, ces mâles ont été dispersés à basse altitude sur un territoire de plus de 50 000 km^2. Puis les bouchers ont sexuellement harcelé les bouchères qui ont pondu des œufs stériles et passez muscade. Au total, cette opération aura coûté 300 millions de nos francs, c'est-à-dire un dixième du prix auquel TF1 a été vendue. Comme quoi les bonnes actions coûtent moins cher que les autres.

Je vous souhaite le bonjour.

Nous vivons une époque moderne.

Heureux habitants des Hautes-Alpes et des autres départements français, je n'ai nulle volonté de causer à notre Premier ministre, Mme Cresson, aucune peine, même légère, mais il faut convenir que la fourmi japonaise n'est pas chômeuse et que c'est là son moindre défaut. Comme elle n'est pas chômeuse, elle n'est pas nécessiteuse : le salaire moyen des employés du secteur privé nippon a augmenté l'an passé de 5,7 %. Il tourne aujourd'hui autour de 4,25 millions de yens par an, soit à peu près 180 000 F, et cette progression est la plus forte qu'il ait connu depuis onze ans.

Bien, murmurez-vous dans le huis clos de vos salles de bains ou dans les voitures agglutinées où ma voix vous atteint à grand-peine – car tel est le sort ingrat du chroniqueur qu'il doit à la fois s'adresser avec suavité à ses auditeurs et teuses et surpasser le bruit du moulin à café, du rasoir électrique, de la douche et/ou des moteurs à gaz de pétrole –, bien, donc vous dites-vous, où que la destinée vous ait placé, mais, ô chroniqueur matutinal, si tu ne nous bailles pas cette information dans le dessein de chagriner la dame de la rue de Varenne, dans quel but l'as-tu articulée ? Serait-ce pour nous inciter à l'ordre et à la discipline ? Pas du tout, auditeurs et teuses, ce serait bien mal vous connaître que d'ainsi gâcher vainement ma salive, quoique si je voulais vous impressionner, je pourrais vous assener tout de go que la masse salariale totale distribuée l'an passé par les nippones industries, et j'entends par masse salariale totale le salaire augmenté des primes et additionné des bonus, la masse salariale totale et nippone, elle, a augmenté de 8 %.

Écoute, chroniqueur, arrête un peu ta langue. Tu nous accables dès potron-minet de la lointaine et inaccessible prospérité des autres et en plus des autres qui sont jaunes. C'est manquer à la charité ! Nullement, auditeuses et teurs, nullement, car je ne vous ai donné ces informations que pour mieux amener une chute en forme de bonne nouvelle. Une entreprise française s'est spécialisée dans le commerce du thé. Savez-vous combien de thé elle a importé du Japon entre le 1er octobre 1990 et le 30 septembre 1991 ? 300 kilos. Et savez-vous combien de thé elle a exporté vers le Japon pour la même période : 6 394 kilos, soit plus de 20 fois plus !

La fourmi ayant goûté tous les thés
Se trouva fort dépourvue
Quand le français fut venu !

Na !

Je vous souhaite le bonjour.
Nous vivons une époque moderne.

Heureux habitants du Haut-Rhin et des autres départements français, ce m'est un plaisir inépuisable que de signaler à votre bienveillante attention tel ou tel événement qui montre de manière irréfutable que l'histoire fait des progrès et avance d'un pas décidé sur le chemin où fleurit la liberté, où bourgeonne l'égalité et où pousse la fraternité.

Depuis quelque temps – qui l'eut cru naguère ? – on peut prendre en Afrique du Sud des exemples de ces progrès de l'histoire. Les Noirs et les Métis vont pouvoir y exercer le droit de vote, être eux-mêmes éligibles et même se fiancer ou se marier avec des personnes de couleur blanche et de sexe différent. Il sera loisible à chacun d'habiter dans le quartier de son choix, d'entrer dans n'importe quelle salle de cinéma et de se baigner sur la plage qui lui plaît le plus. Cela fait bien des barrières qui sont aujourd'hui à terre, aussi serez-vous peut-être surpris si je vous dis qu'un autre vestige du passé et de l'apartheid vient de disparaître.

David Tshonga, noir et sud-africain, vient pourtant de connaître un sort inimaginable il y a encore un an. Enfin, quand je dis qu'il vient de connaître, j'exagère un peu car David Tshonga est mort. Mort ? Tout ce qu'il y a de plus mort. Et comment diable, chroniqueur matutinal et vaticinant, penses-tu nous faire accroire qu'un Noir mort a fait avancer la dilution de l'apartheid dans l'éther brumeux du passé ? Eh bien, distingués auditeurs, c'est que le noir David Tshonga a été enterré à Johannesburg dans le cimetière de Westpark qui, jusqu'à présent, ne recueillait les restes que blancs. Mieux même, le cimetière de Westpark n'abritait que des tombes de Blancs riches, or David Tshonga était noir et pauvre ou pauvre et noir, cela ne fait guère de différence.

Formidable. Nous nous réjouissons que l'égalité progresse dans la vie comme dans la mort. Et de quoi est décédé ce pauvre Noir qui devient le premier de sa race à villégiaturer pour l'éternité dans un cimetière de riches Blancs ? Il est décédé de s'être trouvé sur la trajectoire d'une balle de revolver. Ah. Et qui avait tiré cette balle de revolver ? Un Blanc. Ah. Et quelle sorte de Blanc ? Un Blanc de la sorte qui porte l'uniforme de la police, mais je vous jure que ce n'est pas une condition nécessaire pour être enterré dans un cimetière blanc de Johannesburg. Nécessaire, sans doute pas. Disons suffisante.

Je vous souhaite le bonjour.

Nous vivons une époque moderne.

Heureux habitants du Tarn-et-Garonne et des autres départements français, ça n'est pas pour me vanter, mais je me suis rendu pas plus tard qu'avant-hier en province afin d'y vaquer à des occupations assez peu définies et qui, mises bout à bout, constituent ce qu'il est convenu d'appeler un ouiquenne chez des amis. Nous tondîmes le gazon, nous caressâmes le chien, nous encourageâmes un enfant à découvrir l'utilité hygiénique du vase de nuit également dénommé pot de chambre, nous conjecturâmes sur divers sujets futiles et graves, nous prîmes le soleil, nous fûmes au marché de la localité acheter de la légume pour le navarin printanier et nous vidâmes plusieurs bouteilles d'un vin gouleyant et de l'Hérault. Vint l'heure du retour, du moins pour votre serviteur que son sacerdoce matutinal amène à avoir des horaires un peu particuliers. Il était donc convenu que je rentrerais seul et en train et l'on voulut bien me déposer à la gare. Tout cela ne nous chaut guère, chroniqueur matutinal et vaticinant, tout cela ne nous chaut pas.

Un peu de patience, auditeurs sachant auditer, cela va peut-être vous chaloir. Sous l'effet d'une erreur de lecture des horaires du chemin de fer, je me trouvais à la gare avec une heure d'avance. La faim qui me laisse rarement en repos m'interpella soudain au niveau du vécu et à la hauteur de l'estomac. Ma vie n'est pas, je dois le dire, guidée par beaucoup de principes mais l'un d'entre eux est inviolable. Je ne mange jamais la nourriture que l'on vend sur les trains de la SNCF. Plutôt un en-cas sur un coin de zinc que la chiffonnade de gigot au coulis de pleurotes qui a remplacé sur les grandes lignes le sandouiche à la poussière et à la couenne de jambon que vous proposèrent longtemps les chemins de fer nationaux.

Donc, fidèle à ce principe, j'entre dans l'unique bar ouvert en cette fin d'après-midi de dimanche, et m'enquiers de ce que l'on peut bien y croquer. On me tend une courte carte. Elle ne mentionne que des sandouiches. Au pâté. A la rillette. Au jambon cru. Au jambon de Paris. Chaque sandouiche coûte 14 F. Et, en dessous de cette courte liste, il est écrit : supplément cornichons : 2 F.

C'est alors qu'un vague à l'âme m'a pris, qui me tourmente encore. Auditeurs, mes camarades, connaissez-vous un pays au monde qui propose quelque nourriture que ce soit à quelque prix que ce soit avec un supplément cornichons ou quelque supplément que ce soit ? Lorsque vous allez en Espagne, avez-vous observé qu'on y sert une paella à tant de pesetas avec supplément calamars ? En Italie, offre-t-on des spaghettis à l'*aglio, olio e peperoncini* avec un supplément parmesan ? En Grande-Bretagne, conçoit-on qu'on serve un curry avec supplément chestnut ? En Belgique, un waterzoi avec un supplément carottes ? En Allemagne, une choucroute avec supplément saucisses ? Tout ce que notre pays peut avoir d'étriqué, de gommeux, de sournois, je l'ai vu comme écrit en lettres de feu sur la courte carte de ce bar désert. Eh ben, dis donc, oncle Philippe, de quoi tu te plains ? Toi au moins avec 2 F de cornichons tu fais une chronique qui te rapporte de quoi payer le sandouiche.

Je vous souhaite le bonjour.

Nous vivons une époque moderne.

Heureux habitants du Gers et des autres départements français, ce n'est point que je vous veuille apitoyer mais enfin, ces jours-ci, à l'heure où Mlle Martin salue Gérard Courchelle et annonce son journal – celui-là même qui met nos concurrents à la fois en sueur et dans les choux des sondages –, à 8 heures, donc, c'est-à-dire à 6 heures à l'heure du soleil, la vraie, la seule, la bonne, des milliers d'adolescents pénètrent dans des salles d'examens où l'on prétend vérifier qu'entre d'énormes lacunes, ils possèdent quelques connaissances, ou au moins quelques rudiments, ou en tout cas quelques apparences.

Cette jeunesse a bien du mérite. Déjà qu'il lui faut apprendre par cœur les paroles des chansons de M. Patrick Bruel et comprendre l'anglais argotique de Mlle Madonna, voilà qu'en plus on exige d'elle qu'elle se soit intéressée à des sujets aussi peu rocks que l'affirmation du matérialisme athée dans la *Lettre sur les aveugles à l'usage de ceux qui voient* de Diderot ou la contemplation désintéressée de l'idée dans la philosophie de Schopenhauer (Arthur pour les dames). Ah, jeunesse, que ne vis-tu en Grande-Bretagne ! Voilà un pays où tes difficultés sont prises en considération. Le ministère de l'Éducation, remaniant les programmes scolaires et préparant les futurs examens, avait en effet prévu d'insister sur quelques points dans l'enseignement secondaire. Il était notamment question d'exiger des élèves de l'équivalent de nos terminales de posséder le maniement de la grammaire, de l'orthographe et de la ponctuation, et de mettre obligatoirement à leur programme l'étude des œuvres de William Shakespeare (1564-1616) et de Charles Dickens (1812-1870). C'est impossible a répondu une association de professeurs : c'est beaucoup trop difficile. Mais que proposez-vous donc, a demandé le gouvernement ? Nous proposons de faire travailler nos élèves sur les feuilletons télévisés, ont répondu les professeurs de cette association. L'idée est bonne : imaginons que nos jeunes gens doivent disserter sur l'affirmation du matérialisme athée dans *Santa Barbara* ou la contemplation désintéressée de l'idée dans *Helène et les Garçons* : le pourcentage de succès au baccalauréat dépasserait aisément les célèbres 80 % évoqués par les successifs ministres de l'Éducation nationale. Sans compter que ce procédé pourrait avoir un avantage culturel insoupçonné : en faisant des programmes de la télévision des sujets potentiels d'examen, l'Éducation nationale parviendrait peut-être à dégoûter la jeunesse de la TV. Rêvons un peu et imaginons une scène quotidienne dans une famille moyenne française. Le père apostrophe son fils d'une voix courroucée : « Julien, va regarder la TV, c'est l'heure de *Santa Barbara* et tu en as déjà manqué deux épisodes. C'est pas comme ça que tu auras ton bac. » « O papa, enregistre-le-moi, s'il te plaît, je voudrais finir la *Lettre sur les aveugles à l'usage de ceux qui voient*. »

Je vous souhaite le bonjour.

Nous vivons une époque moderne.

Heureux habitants de la Guyane et des autres départements français, ce n'est pas pour vous flatter mais je suis sûr que quoique l'heure soit matinale, voire matutinale, vous êtes déjà fatigués. Vous n'avez pas plus envie de vous lever que je n'en aurais eu moi-même si ce n'était la perspective de retrouver Mlle Martin et, si vous êtes déjà debout, je suis sûr que vous le regrettez. C'est normal, les vacances sont lointaines, le temps est inclément, vous êtes donc fatigués. Vous souffrez même de fatigue aiguë. Et quand vous commencerez à perdre la mémoire, à éprouver des appréhensions pesantes à l'idée de remuer un membre, vous saurez que vous n'êtes pas loin de passer de la fatigue aiguë à la fatigue chronique.

Ne vous inquiétez pas pour autant. Des médecins de l'université Hahnemann de Philadelphie viennent de mettre au point un médicament qui combat victorieusement l'épuisement chronique. Pour le tester, ils n'ont pas reculé devant la difficulté : ils ont d'abord pris pour cobayes des patients si fatigués qu'ils ne parvenaient plus à remplir un chèque. Ça a marché. Puis ils ont essayé leur produit sur des personnes pour qui se laver les dents et le reste représentait un effort impossible. Ça a remarché et ceux-là sentent aujourd'hui la rose. Continuant à gravir l'échelle des difficultés, nos chercheurs se sont attaqués à des malades incapables de sortir de leur lit, même pas pour manger une glace à la crème épaisse et au glucose gluant pour laquelle normalement un État-sunien sortirait même de sa tombe. Ç'a re-remarché. Ils ne sont pas sortis de la tombe mais du lit, oui.

Enfin, *last but not least*, comme on dit dans le patois local, nos savants ont affronté une race de fatigués chroniques dont il est même difficile de croire qu'il puisse en exister. Non seulement ces malades ne parvenaient plus à remplir un chèque, non seulement ils ne se lavaient plus, non seulement ils ne sortaient plus de leur lit mais, croyez-le ou non, ils ne parvenaient plus à appuyer sur leur télécommande pour déclencher leur téléviseur. Eh bien, à ces patients-là aussi le médicament anti-fatigue a rendu leurs forces évanouies.

Il nous est donc permis d'espérer que la science mettra un jour au point une pilule qui permette de regarder TF1 sans éprouver des haut-le-cœur.

Je vous souhaite le bonjour.

Nous vivons une époque moderne.

Heureux habitants des Côtes-d'Armor et des autres départements français, nous avons beau faire de notre mieux, nous ne parvenons ni à parler ni même à comprendre plus de deux ou trois langues vivantes. Aussi sommes-nous bien contents, lorsque nous achetons un produit fabriqué dans une nation étrangère, d'en trouver le mode d'emploi dûment traduit. Supposons par exemple que vous taquiniez le violon mais que l'âge dans vos nerfs a déjà fait couler un peu de sa glace et que cela vous agace la clavicule et vous la fatigue. Votre luthier vous conseillera peut-être pour vous soulager de glisser entre votre clavicule et votre instrument un petit coussin gonflable, spécialement fabriqué par une usine étatsunienne et baptisé « Play on air ». Convaincu, vous réalisez cette emplette et, rentré chez vous, pour en tirer le meilleur profit, vous lisez le mode d'emploi baptisé par le fabricant « Notice important ». La première phrase vous étonne : « Play on air est un meilleur produit valable pour son but », proclame la notice ou le notice, qui poursuit « parce que ça forme parfaitement l'étenchéité et peu difficile à ouvrir ». Peu difficile, sans doute, puisque, toujours selon la notice : « Manœuvré les forces de parts et d'autres du bouchon permettra la perdiction de l'étenchéité et ce qui résulte à l'ouverture de la valve. » Mais, attention : « Dans aucun des circonstances, les dents et auqu'un instrument doivent être utilisé ». D'ailleurs, précise la notice : « Il a été découvert que quelques parties faisantes ont l'habitude de dégonfler le couchin après l'utilisation. Cela est plus indésirable et entièrement pas nécessaire. »

Une fois que l'on a saisi grâce au notice comment gonfler le couchin, reste à comprendre quelle est sa position optimale. Qu'à cela ne tienne : « Il est presque possible de placer le couchin gonflé en bas de la gorge de le violon. » Cependant, n'existe-t-il pas certains cas particuliers ? Si fait, si fait. Le notice les a prévus et les illumine de son éclairante prose : je cite et que je sois métamorphosé en hélicon si je change un seul mot : « Beaucoup de consumers qui ont la coite avec un space limite doivent ajusté à leur emplacement dans le couvert de leur coite le couchin gonflé. » Fin de citation.

Voilà. Je ne savoir si votre compréhensive être été intégrale de ce notice mais il falloir reconnaisser qu'il nous étonnoir très beaucoup qu'il sera plus difficile de jouer du couchin d'air que de le violon.

Je vous souhaite le bonjour.

Nous vivoir une modernisme rempli de communicationnité.

Heureux habitants de la Haute-Loire et des autres départements français, l'homme, chassé du paradis terrestre, dompta d'abord la femme, puis le cheval, le chien, le cochon, la poule, la vache, le lapin, le hamster, l'éléphant, le chameau, le ver à soie et le faucon. Puis il inventa la machine. Ultimement, l'homme a inventé l'ordinateur qui est une machine très pratique pour ranger dans un tout petit espace un très grand nombre de choses. De ce très grand nombre de choses, il se peut que l'homme n'ait besoin que d'une seule, mais qu'elle soit rangée en plusieurs morceaux dans son ordinateur. Pour retrouver tous les morceaux de la chose dont il a besoin, l'homme dispose d'une sorte de table des matières qui lui rappellera sous combien d'appellations il peut retrouver sa chose.

J'ai ainsi sous les lunettes – car ça n'est pas pour me vanter, mais j'en porte –, j'ai ainsi sous les lunettes la table des matières d'une banque de données informatisées qui indique que la chose nommée « Anesthésie » peut se trouver sous son nom mais aussi sous le nom « Narcose » ou « Analgésie » ou même « Anesthésiologie ». Une table ne manque pas d'utilité, car on a parfois l'esprit volage et on ne cherche pas nécessairement où l'on devrait. Ainsi à l'article « Androgynie », la table que j'ai sous les lunettes précise-t-elle : voir « Foie ». Peut-être les androgynes, en plus du reste, ont-ils un drôle de foie, ou pas de foie du tout, ce qui leur permet de boire pour oublier leurs androgynesques enquiquinements. A l'article « Moral du personnel », la table suggère de voir à « Mobilier funéraire », et c'est là ce qui s'appelle de la prévoyance.

Mais, dans son souci du détail et dans sa peur d'omettre rien, à l'article « Sous-vêtements », la table des matières de l'informatique atteint véritablement à la poésie. On lit en effet : « voir Corsets, Vêtements de dessous, Souvenirs ». Il est juste de noter qu'à l'article « Souvenirs », il est également précisé : « voir Sous-vêtements » et, mon Dieu, sans être fétichiste, qui d'entre nous n'a pas... Mais revenons à nos matières et ne nous égarons pas dans la littérature. Tiens justement, que lis-je à « Littérature » ? Voir « Art d'écrire », voir « Écrivains », voir même « Journalisme » – ce qui me paraît peut-être optimiste –, voir enfin « Membres artificiels ». On sent par là que notre ordinateur a lu l'œuvre complète de M. Sulitzer dont il ne suffit pas de dire qu'elle fut écrite avec le pied, mais dont il faut préciser que ce pied n'était pas celui de l'auteur.

Je vous souhaite le bonjour.

Nous vivons une époque moderne.

Heureux habitants de la Corse (Haute-Corse et Corse du Sud) et des autres départements français, le devoir de vacances est aux vacances ce que la truffe est à l'omelette aux truffes, la pomme de terre à la soupe de légumes et la contractuelle aux trottoirs urbains. Ils sont tellement indissociables que l'on ne sait plus si l'un n'est que le condiment de l'autre ou s'ils constituent les deux parties d'un insécable tout. Cette année, les parents soucieux de conduire leur progéniture sur les chemins du progrès dans leur langue maternelle se procureront l'ouvrage de Jean-Louis Fournier intitulé *Grammaire française et impertinente*, aux éditions Payot. Les éditions Payot ne passent point pour une maison de farces et attrapes, c'est dire que cette grammaire ne contient que des règles réglementaires conformes à l'étalon grammatical déposé au pavillon des Poids et Mesures à Sèvres. Jean-Louis Fournier, par ailleurs, fut le réalisateur de *La Minute nécessaire de M. Cyclopède*. On devine donc que sa *Grammaire française et impertinente* trousse la langue de telle manière qu'on en voit les dessous. Or les dessous de la langue sont plaisants à regarder lorsque c'est Jean-Louis Fournier qui les montre.

« Le nom, rappelle Fournier au chapitre 1 de sa grammaire, indique la personne ou la chose qui fait ou subit l'action. Exemple : "Le cyclone qui a ravagé l'île de la Réunion était d'origine criminelle." Le complément d'objet se place après le verbe : "Archimède avait pour principe, après chaque bain, de vider sa baignoire." »

Ces règles simples sont généralement respectées. *La Grammaire française et impertinente* en rappelle d'autres, moins honorées mais implacables. On ne dit pas : « J'ai acheté ces femmes 1 000 F *chaque*, mais : j'ai acheté ces femmes 1 000 F *chacune*. »

Lorsqu'ils auront révisé ces bases, l'enfant et l'adulte aborderont de concert des cas plus difficiles comme celui du pronom interrogatif dont l'auteur précise justement qu'il est indirect lorsqu'il introduit une proposition subordonnée comme dans l'exemple : « Je me demande à quoi pense un culturiste. »

Se jouant des difficultés de la grammaire grâce aux exemples lumineux de Jean-Louis Fournier, l'enfant et l'adulte termineront les vacances et la grammaire par la question parfois douloureuse de la subordonnée participiale dont on se rappelle qu'elle se compose d'un participe (présent ou passé) et d'un nom, sujet de ce participe, mais sans rapport avec la proposition principale, comme dans l'exemple : « La Banque de France organisant un concours de faux billets, le billet gagnant sera mis en circulation. »

On voit par là qu'un exemple peut être à la fois correct et inexact. On en conclut que les étrangers ne savent pas ce qu'ils perdent à ne pas parler une langue aussi admirable.

Je vous souhaite le bonjour.

Nous vivons une époque moderne.

Heureux habitants du Lot et des autres départements français, ça n'est pas pour me vanter, mais, par les temps qui courent, on n'écrit plus beaucoup et ce ne sont pas les épistoliers qui vont encombrer de leurs recueils de correspondance les rayons de nos librairies. « *Fugit irreparabile tempus* », disait Virgile à qui l'on demandait de remplir un formulaire de carte Vermeil. « Passons, passons, puisque tout passe », ajoutait l'Apollinaire qui prenait quand même soin de préciser, « je me retournerai souvent ». Nous ne lui donnerons pas tort et même nous lui donnerons raison ce matin, avec votre permission, en rêvant du temps où il n'était pas rare que, comme Cyrano à Roxane sous le nom de Christian, on écrive tous les jours à l'objet de ses vœux, et parfois même deux lettres. De vous à moi, voilà lurette que nous savons que ce n'est pas tant l'amour qui est un délice que toutes les actions qu'il nous faut commettre pour l'entretenir, le surprendre et le relancer et, parmi ces actions, écrire est l'une des plus savoureuses. On joue du stylo comme de l'archet mais comme disait Stendhal, « la caisse du violon qui rend le son, c'est l'âme du lecteur ». D'ailleurs, écrire donne de l'esprit. Bien obligé : il faut mobiliser tout ce que l'on a de ressources pour dénicher de quoi remplir la feuille blanche avec des phrases qui supporteront d'être lues plus d'une fois.

Holà, chroniqueur matutinal et vaticinant, que diable te lances-tu sur cette pente mélancolique et quelle sombre mouche t'a donc piqué ? Ce n'est rien, auditeur débonnaire, c'est seulement que j'ai sous les yeux une lettre circulaire émanant du festival d'Avignon et dont la substance informe les personnes désirant y réserver des places que les demandes adressées par courrier seront servies après celles acheminées par fax, par téléphone ou par Minitel. Et cela me fait venir un brusque chagrin que de savoir que, même dans ce qui fut le sanctuaire du théâtre, le protocole veut désormais que ceux qui auront tapé 3615 quelque chose marcheront devant ceux qui, encore retenus loin des obligations électroniques (peut-être par un abus de livres ou des excès de théâtre), ont naïvement pensé qu'il n'y avait pas d'offense à écrire une lettre à un festival de théâtre…

Je vous souhaite le bonjour.

Nous vivons une époque moderne.

Heureux habitants de la Guadeloupe et des autres départements français, l'homme lit le journal pour que son existence ne soit point bornée à ce qu'il connaît par sa seule expérience et pour participer au moins par l'esprit aux événements qui agitent le monde. Mais il en va des événements comme du reste, il en est de considérables – on les trouve dans les premières pages des gazettes –, il en est de minuscules – ils sont enfouis dans des pages intérieures, et, souvent, dans les petites annonces. J'affectionne particulièrement les petites annonces parce qu'en un minimum de mots elles nous donnent une image étonnante de la diversité des existences de nos contemporains. Ainsi ai-je sous les yeux un journal publié dans le Rhône – dont je salue les heureux habitants – et qui consacre une pleine page aux annonces concernant les animaux.

Ainsi apprends-je que l'on peut acquérir d'un particulier un hamster angora blanc plus une cage neuve pour 200 F. C'est peu, et ce n'est même rien à côté du prix d'un chien husky sibérien qui se négocie à 2 200 F, soit à peine 300 F de moins qu'un âne de 5 ans dont l'annonce nous précise qu'il est entier, joli et très gentil. Je dois dire que je n'imaginais pas que l'on pût acheter tant d'animaux divers : une chouette – également très gentille et très jolie –, des chèvres naines, un caniche yorkshire abricot, une jument de selle pleine et un poulain d'un an (prix à débattre), un perroquet amazone à front bleu, né en mai 1990 (et donc du signe du Taureau), apprivoisé et qui parle. Pour 5 000 F, il est à vous.

Si votre choix s'est porté sur une jument, une chienne ou une ânesse, peut-être aurez-vous le désir que cet animal procrée sans toutefois souhaiter pour autant acquérir un mâle. Qu'à cela ne tienne : tout se loue, il suffit de se reporter à la rubrique « Saillies ».

On vous y propose, je cite, un « cheval espagnol de pure race, très beau modèle », un « haflinger », un « braque allemand », un « setter gordon avec pedigree » et aussi – je recite – un « plombier, spécialiste d'installation chauffage, dépannage rapide, devis gratuit, remise sur matériel ».

Quelques esprits légers et quelques campagnards considéreront peut-être que ce voisinage d'un artisan spécialiste du chauffage et de quelques étalons procède d'une inattention d'un typographe. Mais nous autres, gens des villes, n'émettons pas ce jugement téméraire : il y a longtemps que nous savons que le plombier est un animal en voie de disparition.

Je vous souhaite le bonjour.

Nous vivons une époque moderne.

Heureux habitants de Saint-Pierre-et-Miquelon et des départements français, la femme, l'ai-je assez répété, la femme remonte à la plus haute Antiquité, l'homme l'accompagne en son chemin, mais le chroniqueur ? Le chroniqueur remonte à Alexandre Vialatte, Auvergnat magnifique qui tint pendant des années dans le journal *La Montagne* une chronique d'une modestie impériale et d'une précieuse inutilité. Vialatte lui-même remontait à Alphonse Allais, à Cami, à Tristan Bernard, aux « fumistes » de l'entre-deux siècles et cousinait avec plus d'un parmi les Anglais les plus britanniques. Alexandre Vialatte ne remontait pas seulement aux illustres que je viens de nommer. Une fois remonté, il restait tranquillement à leur hauteur et s'y trouvait chez lui. C'est pourquoi, en cette aube des vacances qui sont la vraie fête du livre, il convient de baiser les espaces interdigitaux des pieds de M. Julliard, éditeur à Paris. M. Julliard, éditeur à Paris, remet en circulation un triple ouvrage d'Alexandre Vialatte vendu au prix modeste de 140 F et qui contient l'*Almanach des quatre saisons, Badonce et les créatures* et *Antiquité du grand chosier*. J'extrais pour vous mettre l'eau à la bouche et la puce à l'oreille quelques conseils de vacances que Vialatte donne au chapitre « Juillet » de son *Almanach des quatre saisons*.

« Les touristes, au mois de juillet, auront intérêt à aller dans le XIIIe arrondissement qui est moins embouteillé que le centre et relativement silencieux car il est surtout composé d'hôpitaux, de prisons, d'asiles et de monastères, dont les hauts murs assurent plus d'ombre et de fraîcheur. On remarquera, au parc Montsouris, une très belle série de statues représentant divers accidents du travail : le mineur écrasé, le lion blessé et la bergère lutinée par le faune. En juillet, on se rappellera que le bouc blatère, la cigogne glottore, le grillon grésillonne, le geai cajeole, l'étourneau pivote, les enfants vagissent, le faubourien grasseye, la souris chicote, le tigre rognonne, le tonnerre roule, la soie froufroute, la vague clapote, la foudre gronde, la guerre éclate, l'aigle trompette ou glapit. Ajoutons que le ruisseau murmure. Vous apprendrez, au retour de vos vacances, que le timbre crillonne, que le téléphone friture et, aussi, que le percepteur rugit. »

On voit par là qu'Alexandre Vialatte est un nécessaire et paternel compagnon de vacances dont il disait avec justesse qu'elles se composent d'une succession de pluies fines coupées d'orages plus importants ! On voit aussi par là que le pessimisme peut être le meilleur ami de l'homme et c'est ainsi que Vialatte est grand.

Je vous souhaite le bonjour.

Nous vivons une époque moderne.

Heureux habitants de la Savoie et des autres départements français, vous n'êtes pas sans connaître l'adage qui veut que nul ne soit censé ignorer la loi ; par ailleurs vous vous apprêtez sans doute à prendre quelques vacances, peut-être en Bourgogne, pittoresque et savoureuse région. Si c'est le cas, êtes-vous assez écervelé pour vous rendre dans cette contrée sans avoir lu le *Journal officiel* du 5 avril 1992 et notamment ses pages 5112 et 5113 ? Je parierai que oui. Heureusement, le service public de la radiophonie est là, qui vous avertit qu'un arrêté conjoint des ministres de l'Environnement, de l'Agriculture et de la Santé a décidé, je cite, « d'interdire en tout temps la destruction, la coupe, l'arrachage, la mutilation et la cueillette des spécimens sauvages des espèces végétales menacées ». Voilà qui est bel et bon, pensez-vous, mais quelles sont, en Bourgogne, les espèces sauvages menacées ? Le *Journal officiel* ne vous le laisse point ignorer et il vous en fournit même la liste exhaustive que je m'en vais vous bailler afin que vous sachiez où laisser traîner vos mains :

PTÉRIDOPHYTES

Asplenium billotii F. W. Schultz.	Asplenium de Billot.
Botrychium lunaria (L.) Swartz.	Botryche lunaire.

Equisetum hiemale L.	Prêle d'hiver.
Equisetum sylvaticum L.	Prêle des bois.
Equisetum variegatum Schleicher ex Weber et Mohr.	Prêle panachée.
Huperzia selago (L.) Bernh. ex Schrank et Mart.	Lycopode sélagine.
Lycopodium clavatum L.	Lycopode à feuilles de genévrier.
Lycopodium clavatum L.	Lycopode en massue.
Osmonda regalis L.	Osmonde royale.
Thelipterids palustris Schott.	Théliptéris des marais.

PHANÉROGAME ANGIOSPERMES

1. Monocotylédones :

Baldellia ranunculoides (L.) Parl.	Flûteau fausse-renoncule.
Butomus umbellatus L.	Butome en ombelle.
Calamagrostis arundinacea (L.) Roth	Calamagrostis faux-roseau.
Carex diandra Schrank.	Laiche arrondie.
Carex ligerica Gay.	Laiche de la Loire.
Coeloglossum viride (L.) Hartmann.	Orchis grenouille.
Corynephorus canescens (L.) Beauv.	Canche des sables.
Dactylorhiza incarnata (L.) Soo.	Orchis incarnat.
Dactylorhiza sambucina (L.) Soo	Orchis sureau.
Epipactis palustris (L.) Crantz	Epipacis des marais.
Eriophorum vaginatum (L).	Linaigrette vaginée.
Limodorum abortivum Boehmer.	Limodore avorté.
Lurionum natans (L.) Rafin	Flûteau nageant.
Narcissus poeticus L.	Narcisse des poètes.
Orchis Laxiflora Lam.	Orchis à fleurs lâches.
Orchis simia Lam.	Orchis singe.
Polygonatum verticillatum (L.) All.	Sceau de Salomon verticillé.
Rhynchospora alba (L.) Vahl.	Rhynchospore blanc.
Scirpus coespitosus L.	Scirpe cespiteux.
Scirpus fluitans L.	Scirpe flottant.
Spiranthes spiralis (L.) Chevall.	Spirante d'automne.
Stipa pennata L.	Stipe penné.
Stratiotes aloides L.	Faux aloès.

2. *Dicotymlédones :*

Acer monspessulanus L.	Érable de Montpellier.
Anarrhinum bellidifolium L. Willd	Anarrhinum à feuilles de pâquerette.
Antennaria dioica (L.) Gaertn.	Pied de chat.
Anthyllis montana L.	Vulnéraire des montagnes.
Apium repens (Jacq.) Lag.	Ache rampante.
Arabis alpina L.	Arabette des Alpes, corbeille d'argent.
Arnica montana L.	Arnica des montagnes.
Artemisia alba Turra.	Armoise blanche.
Artemisia campestris L.	Armoise champêtre.
Aster linosyris (L.) Bernh.	Aster linosyris.
Biscutella laevigata s.lato L.	Lunetière lisse.
Bombycilaena erecta (L.) Smolj.	Micrope droit.
Carduncellus mitissimus (L.) D. C.	Petit chardon sans épines.
Carduus defloratus L.	Chardon à pédoncule nu.
Carlina acaulis L.	Carline sans tige.
Chamaecytisus supinus (L.) Link	Cytise couché.
Convolvulus cantabrica L.	Liseron cantabrique.
Coronilla coronata L.	Coronille des montagnes.
Coronilla emerus L.	Coronille faux séné.
Corydalis claviculata (L.) DC ssp. *claviculata*	Corydale à vrilles.
Crepis paludosa (L.) Moench.	Crépis des marais.
Crepis praemorsa (L.) Taush.	Crépis rongé.
Cynoglossum dioscoridis Vill.	Cynoglosse de Dioscoride.
Daphne alpina L.	Daphne des Alpes.
Daphne cneorum L.	Thymélée.
Distamnus albus L.	Fraxinelle.
Digitalis grandiflora Miller.	Digitale à grandes fleurs.
Elatine hexandra (Lapierre) DC	Élatine à six étamines.
Erica cinerea L.	Bruyère cendrée.
Erica tetralix L.	Bruyère à quatre angles.
Euphorbia palustris L.	Euphorbe des marais.
Gentiana ciliata (L.) Borkh.	Gentiane ciliée.
Gentiana cruciata L.	Gentiane croisette.
Gentiana pneumonanthe L.	Gentiane pneumonanthe.
Hieracium peleterianum Mérat.ssp. *ligericum* Zahn.	Epervière de Lepeletier, sous-espèce ligérienne.
Hottonia palustris L.	Hottonie des marais.
Hypericum elodes L.	Millepertuis des marais.

Iberis intermedia Guersent.	Inéris intermédiaire.
Impatiens noli tangere L.	Impatiente ne-me-touchez-pas.
Inula montana L.	Inule des montagnes.
Jasione Laevis Lam.	Jasione perenne.
Laserpitium gallicum L.	Laser de Gaulle.
Lathyrus palustris L.	Gesse des marais.
Lathyrus pannonicus (Jacq.) Garcke ssp. asphodeloides (Gouan) Bässler.	Gesse blanchâtre.
Linaria alpina (L.) Miller.	Linéaire des Alpes.
Linum austriacum L. spp. *collinum* Nyman.	Lin d'Autriche.
Linum leonii F. W. Schultz.	Lin français.
Littorella uniflora (L.) Ascherson	Littorelle.
Meconopsis cambrica (L.) Vig.	Méconopsis du Pays de Galle.
Myrica gale L.	Piment royal.
Myriophyllum alterniflorum DC.	Myriophylle à fleurs alternes.
Nymphoides peltata (S. G. Gmelin) O. Kuntze	Faux nénuphar.
Oenanthe silaifolia Bieb.	Œnanthe intermédiaire.
Orobanche alba Stephan ex Willd.	Orobanche du thym.
Orobanche alsatica Kischleger.	Orobanche d'Alsace.
Pedicularis palustris L.	Pédiculaire des marais.
Peucedanum oreoselinum (L) Moench.	Persil de montagne.
Peucedanum palustre (L.) Moench.	Peucédan des marais.
Prenanthes purpurea L.	Prénanthe pourpre.
Prunus padus L.	Cerisier à grappes.
Ranunculus hederaceus L.	Renoncule à feuilles de lierre.
Salix repens L.	Saule rampant.
Scutellaria hastifolia L.	Scutellaire à feuilles hastées.
Sedum hirsutum All.	Orpin hérissé.
Sedum villosum L.	Orpin pubescent.
Senecio helenitis (L.) Schintz et Thell.	Séneçon à feuilles spatulées.
Sesamoides canescens (L.) Kuntze	Faux sésame.
Seseli peucedanoides (Bieb.) Kos-Pol.	Séséli faux peucédan.
Silene armeria L.	Silène à bouquets.
Silene otites (L.) Wibel.	Silène à oreillettes.
Spergula morisonii Boreau.	Spargoute printanière.
Swertia perennis L.	Swertie pérenne.
Thlaspi sylvestre Jordan.	Tabouret des Alpes.

Trifolium subterraneum L.	Trèfle semeur.
Tuberia guttata (L.) Fourn.	Hélianthème taché.
Ulex minor Roth.	Ajonc nain.
Vaccinium oxycoccos L.	Canneberge.
Vaccinium vitis idaea L.	Airelle du Mont-Ida.
Valeriana tuberosa L.	Valériane tubéreuse.
Viola rupestris F. W. Schmidt.	Violette des rochers.
Wahlenbergia hederacea (L.) Reichenb.	Wahlenbergie.

Vous voilà avertis : si les gendarmes vous prennent en train de cueillir du *peucedanum oreoselinum* ou persil de montagne, n'allez pas vous étonner de finir vos vacances sur la paille humide des cachots, enfin si vous trouvez un gendarme qui distingue le *peucedanum oreoselinum* de l'*equisetum variegatum*, ce qui n'est point assuré.

Je vous souhaite le bonjour.

Nous vivons une époque formidable.

Heureux habitants de la Haute-Marne, l'homme ne se contente pas de remonter à la plus haute Antiquité, il y remonte par étapes. Lorsqu'il se trouve un peu fatigué du progrès, ce qui est bien compréhensible, l'homme interroge ses ancêtres et se demande si ceux-ci ne détenaient pas certaines clés qu'il a aujourd'hui perdues. C'est dans cette perspective que M. Georges V. inonde ces jours-ci les rédactions d'un communiqué de presse à la gloire de son dernier ouvrage, *La Médecine venue du fond des âges*. Ouvrage est un bien faible mot : c'est d'une somme qu'il s'agit plutôt, puisque M. V. a réuni la quasi-totalité des recettes qu'utilisaient nos aïeux pour soigner et *guérir* les divers maux qui, dès les époques les plus reculées, ont accablé l'homme et terni les charmes de son séjour terrestre. Muni de l'encyclopédie de M. V. – et délesté de ce fait de la somme de 120 F – vous pourrez venir à bout de toutes les affections. Souffrez-vous d'une bronchite ? « Portez au lit des chaussettes trempées dans du vinaigre de vin et maintenez-les humides. » Cela guérit de la bronchite et sans doute aussi du mariage et/ou du concubinage. Grattez-vous disgracieusement les scrofules de quelque eczéma ? « Buvez pendant neuf jours une tisane faite avec neuf têtes de pensées sauvages cueillies à la Saint-Jean. » J'espère que vous y avez songé à temps car la Saint-Jean, c'était mercredi dernier. Sinon vous voilà voué à la scrofule pour cinquante et une semaines. Êtes-vous atteint de la goutte ? « Prenez le pissat tout chaud d'une vache (noire de préférence), le matin à jeun, puis mettez le membre atteint dans le fumier. » La tuberculose, dont on dit qu'elle renaît, vous infecte-t-elle les poumons ? « Mangez chaque matin trois limaçons rouges, crus. » N'avez-vous à vous plaindre que d'un panaris ? « Mettez le doigt dans le derrière d'une poule vivante et gardez-le jusqu'à guérison. » (Vous pouvez penser que vous aurez un certain genre si vous vous promenez plusieurs jours avec une poule vivante sous le bras et un doigt dans son… Consolez-vous en songeant que l'on aurait pu vous enjoindre d'utiliser une vache ou une panthère.)

Êtes-vous, monsieur, affligé d'une incapacité qui vous navre de remplir votre devoir conjugal : « Pissez à travers le trou de la serrure de l'église où a eu lieu la cérémonie de votre mariage. » Êtes-vous, madame, sujette à de fréquentes migraines ? « Faites cuire une tête de corbeau sur des chardons, retirez la cervelle et mangez-la. »

Le communiqué de presse précise aux journalistes qui désireraient interviewer Georges V., auteur de cette enclycopédie, que, je cite, « aujourd'hui âgé, M. V. se déplace très peu », fin de citation. Or je lis par ailleurs que M. V. est né en 1922, ce qui lui fait à peine 70 ans. Pour l'aider à cet âge encore vert à retrouver sa mobilité, je lui offre de bon cœur une recette de sagesse : faire tournoyer sept fois sa machine à écrire au-dessus de sa tête et la jeter dans l'étang le plus proche.

Je vous souhaite le bonjour.

Nous vivons une époque moderne.

Heureux habitants de l'Helvétie francophone et des départements français, vous souvenez-vous de Spiro Agnew ? Sans doute, bien qu'il ait été un peu éclipsé par Richard Nixon dont il fut le vice-président de 1969 à 1973, date à laquelle M. Agnew dut quitter ses fonctions en raison d'un différend avec la justice de son pays et d'une différence d'appréciation sensible entre lui-même et l'administration fiscale américaine à propos du montant de ses impôts. Eh bien, si vous vous rappelez M. Agnew, peut-être serez-vous attristés d'apprendre qu'au jour d'aujourd'hui (comme on ne doit pas dire si l'on fuit les pléonasmes), son humeur est chagrine.

Ciel, chroniqueur matutinal et vaticinant, que nous lâches-tu cette information sans ménagement ! M. Agnew est chagriné, et par quoi donc ? Par le fait qu'il est le seul ancien vice-président des États-Unis dont le buste en marbre ne figure pas dans le hall du Sénat à Washington. Aussi M. Agnew réclame-t-il que soit mis fin à ce traitement particulier. Cette réclamation n'est pas trop bien accueillie. Il faut se rappeler qu'avant de présenter sa démission en catastrophe, Spiro Agnew avait traité ceux qui la réclamaient, politiciens ou journalistes, de divers noms d'oiseaux et notamment de « nababs du négativisme », de « chiens bavards » et de « putréfacteurs de la société américaine ». La mémoire des nababs, des chiens et des putréfacteurs étant ce qu'elle est, c'est-à-dire assez bonne, tout ce que M. Agnew a gagné jusqu'à présent, c'est que l'on retire son portrait de la galerie des gouverneurs à Annapolis, capitale du Maryland, dont il fut le gouverneur.

Cependant, M. Agnew a le droit et la tradition pour lui. Si les anciens vice-présidents jouissent d'un buste en marbre dans le hall du Sénat, le sien doit trouver place comme les autres, et c'est ce qui embête bien ses adversaires. Et, comme la radio du service public qu'est France-Inter a vocation à venir en aide à tous et dans tous les pays, nous croyons avoir trouvé la solution. Ce n'est pas un mais deux bustes de M. Agnew qu'il faut installer dans le hall du Sénat des États-Unis. Un de face et un de profil. Comme pour les photos de l'identité judiciaire.

Je vous souhaite le bonjour.

Nous vivons une époque moderne.

Heureux habitants de la Vienne et des autres départements français, ça n'est pas pour me vanter, mais, parmi les animaux que je préfère, l'âne tient l'une des toutes premières places. Cette dilection tient peut-être à l'adage latin selon lequel *asinus asinum fricat* : l'âne aime à fréquenter l'âne. A moins qu'elle ne repose sur la réputation de mal-aimé dont souffre cet animal, ou sur sa raréfaction dans nos campagnes, ou encore sur le caractère déchirant de son braiment, le soir au fond des prés où on le trouve encore, et qui paraît être une plainte profonde et inconsolable... Quoi qu'il en soit, j'aime les ânes.

C'est pourquoi, hier, marchant le nez au vent dans une rue du VIIe arrondissement de Paris où mon devoir m'avait appelé, je me suis réjoui d'apercevoir un âne. Certes, ce n'était pas un âne en chair et en os mais un âne joliment peint, à la devanture d'un antiquaire. Le tableau était de petites dimensions (environ 30 centimètres sur 15), mais l'âne paraissait avoir de l'esprit, et les couleurs de la campagne où il figurait étaient gaillardes. Aussi me hasardai-je à pénétrer chez l'antiquaire qui, au bruit de la porte, sortit de son arrière-boutique. C'était un antiquaire grassouillet et maniéré comme, dit-on, on en trouve plus d'un. J'ignore si vous l'avez remarqué mais, parmi les commerçants, l'antiquaire est celui qui a presque toujours une façon de dévisager le client qui vous fait aussitôt penser 1) que vous êtes un intrus ; 2) que, de toute façon, vous n'aurez jamais assez d'argent pour acquérir l'objet que, dans un accès de mégalomanie, vous avez un instant songé à mettre chez vous.

Pourtant, j'osai lui demander si je pouvais contempler l'âne de plus près. « Ah, me dit-il avec l'air d'une petite sœur grise à qui j'aurais suggérer de me montrer sa jarretière, le Revachet ? » « Je ne sais pas, fis-je penaud, le tableau avec l'âne. » « Eh bien oui, me dit-il excédé, c'est un Revachet. » Je compris que Revachet n'était pas le nom de l'âne mais le patronyme du peintre et que « c'est un Revachet » signifiait : « Mon petit bonhomme, si tu crois que tu vas pouvoir t'offrir ce tableau, tu ne te goures pas qu'un peu, ce n'est pas pour ton fichu nez. » Vu de près, l'âne demeurait aussi plaisant qu'à travers la vitrine. Je le contemplai longuement. Trop longuement au goût de l'antiquaire qui devait penser qu'avec mes mains pleines de doigts, j'allais abîmer le cadre. C'est pourquoi il me lâcha avec une moue méprisante : « C'est 13 000 F. » Je ne veux pas vous apitoyer, mais je n'ai pas les moyens de m'offrir des ânes peints à 13 000 F, même si « c'est un Revachet ». Je battis donc en retraite et, cheminant vers ma chaumine, je m'interrogeai sur les études nécessaires à l'exercice de la profession d'antiquaire, qui doivent être très difficiles. Mais, si difficiles soient-elles, elles ne sont rien à côté de ce que les antiquaires exigent de ceux qui ont le front de pénétrer dans leur boutique : un diplôme de client.

Je vous souhaite le bonjour.

Nous vivons une époque moderne.

Heureux habitants du Morbihan et des autres départements français, il ne vous a pas échappé que nos députés et sénateurs réunis en congrès à Versailles ont adopté une révision de la Constitution, ni qu'il a été question d'ajouter à ce texte sacré un article précisant que la langue de la République est le français. Cette précision, sans doute devenue nécessaire eu égard à la banalisation des fast-foods, à l'apparition d'Euro-Disneyland avec sa Main Street et ses Cast Members et à tout ce qui est clean, cool ou soft, ou aux dizaines de titres de films en anglais que l'on peut lire sur les affiches de cinéma, mais enfin, pour nécessaire qu'elle soit, cette précision est insuffisante. En effet, nous avons commencé à prendre l'habitude de parler anglais en français. Je m'explique, et en même temps je m'illustre.

Sans vous commander, soyez assez bons pour écouter attentivement la phrase suivante :

« La réhabilitation du Centre Ville est une décision très attractive pour les promoteurs immobiliers et constitue pour eux une formidable opportunité. Toutefois, elle a généré une grande frustration parmi les habitants dont certains comités n'ont pas hésité à organiser des démonstrations qui ont pris parfois un tour dramatique. Ces comités d'habitants ont été supportés par toutes les organisations syndicales qui ont décidé une pause dans leur traditionnelle compétition. Dans le discours qu'il a délivré, le préfet a indiqué que la police avait dû user de moyens sophistiqués en plus de ses méthodes conventionnelles. Cependant, il a précisé qu'un agrément entre ces parties pourrait être finalisé dans la semaine. »

Ce texte imaginaire, mais reconstitué à partir d'éléments réellement lus ou entendus, est une illustration de la contamination par l'anglais dont j'avais l'honneur de vous entretenir plus haut. Traduit en français, il donnerait :

« La rénovation du centre ville est une décision attrayante pour les promoteurs ou constitue pour eux une formidable chance. Toutefois, elle a provoqué une grande déception parmi les habitants dont certains comités n'ont pas hésité à organiser des manifestations qui ont pris parfois un tour spectaculaire. Les comités d'habitants ont été soutenus par toutes les organisations syndicales qui ont décidé une pause de leur traditionnelle concurrence. Dans le discours qu'il a prononcé, le préfet a indiqué que la police avait dû user de moyens perfectionnés en plus de ses méthodes classiques. Cependant, il a précisé qu'un accord entre les parties pourrait être conclu dans la semaine. »

Je vous laisse méditer sur la beauté comparée des opportunités et des chances, des finalisations et des conclusions ou de la compétition et de la concurrence et je m'en vais jouir du repos du dimanche dans une province ensoleillée en empruntant un avion d'une ligne intérieure car je les préfère aux lignes domestiques.

Je vous souhaite le bonjour.

Nous vivons une époque moderne
(et c'est rien de le dire).

Heureux habitants de la Haute-Vienne et des autres départements français, l'amicale pression de la demande générale me presse de vous donner mon sentiment sur le nouveau gouvernement de la République. Ce gouvernement me paraît ne mériter que l'éloge, le contentement et l'approbation. Il marque incontestablement un pas en avant dans l'audace, car, pour y faire entrer M. Tapie, il fallait, n'en disconvenons pas, de l'audace, voire de la hardiesse, de la hardiesse, voire de l'aplomb, de l'aplomb, voire du culot.

Certes, si l'on a l'esprit chagrin, on peut exprimer un léger regret : tant qu'à faire montre d'audace, pourquoi ne pas avoir nommé M. Tapie garde des Sceaux, ministre de la Justice. Cela lui aurait donné l'occasion d'aller en prison. En visite, puisque M. Tapie possède, faut-il le rappeler, un casier judiciaire vierge.

Dans le même esprit qui a poussé à faire entrer M. Tapie au gouvernement, peut-être aurait-on pu également trouver un portefeuille pour M. Jean-Edern Hallier ? N'eût-il pas fait un bon porte-parole ? Et M. Bernard-Henri Lévy n'aurait-il pu apporter à ce gouvernement un aspect décoratif ? M. Jean-Pierre Foucault, ou, à son défaut, M. Patrick Sabatier, aurait pu prendre la tête d'un ministère de la Joie de vivre, bien nécessaire en ces temps de morosité. Déplorons également, mais sans insister, que M. Patrick Bruel ne reçoive aucun portefeuille. Pour ce qui est de Roch Voisine, ce n'était pas possible, il est canadien.

Ce ne sont là que critiques de détail, perdues dans un archipel de satisfaction dont l'îlot le plus ferme est incontestablement la nomination de M. Jack Lang au ministère de l'Éducation. Et pourquoi te réjouis-tu si bruyamment de la nomination de M. Jack Lang au ministère de l'Éducation, chroniqueur matutinal et vaticinant ? Eh bien voilà, auditeurs sachant auditer : au ministère de la Culture, M. Lang avait décoré tout ce que l'intelligence et les arts avaient placé à sa portée, quitte même à faire venir d'outre-Atlantique des poitrines encore vierges de nos médailles. Mais le ministre de la Culture ne dispose que d'une distinction, la croix des Arts et Lettres. En passant à l'Éducation nationale, il va pouvoir désormais distribuer le ruban mauve des Palmes académiques et repiquer une remédaille sur les seins qu'il honora naguère et à côté desquels – si j'ose dire – il se fit photographier pour entretenir sa popularité. Je me réjouis de ce rab de médailles et de photos, mais je crois de mon devoir d'alerter le nouveau ministre de l'Éducation nationale : quand il remettra les palmes académiques à Sylvester Stalone, qu'il n'oublie pas de l'avertir que ce sont seulement des palmes : il n'y a ni masque ni tuba.

Je vous souhaite le bonjour !

Nous vivons une époque moderne.

Heureux habitants de la Marne et des autres départements français, ça n'est pas pour me vanter, mais ce ne fut pas un dimanche comme les autres que le dimanche que nous avons vécu hier ! Voici d'abord qu'à Hagondange où le sourd bruit de la forge martelait naguère une terre éclairée par la lueur des hauts fourneaux, le parc des Schtroumpfs a été inauguré. Et comme si nous voulions dire au monde, qui a les yeux tournés vers la France, que nous sommes superbes dans l'exploit comme dans l'adversité, voilà qu'un autre parc d'attractions, contraint par de momentanées vicissitudes à clore provisoirement ses guichets, reprend le fil de sa mission éducative sous le menhir d'Astérix. Pendant que nous préparions ces ouvertures et réouvertures symboliques de notre ténacité nationale, les Américains, au milieu de nulle part, s'étaient employés à construire des montagnes dans une plaine à betterave. On en a fait quelque bruit ; cela valait-il la peine, vous l'avez pu constater par vous-même : de quoi a accouché une montagne ? D'une souris.

Trois parcs d'attractions, donc, auront simultanément ouvert leurs grilles hier, mais, pour montrer à quel point nous sommes le pays du faste et du faste non food, le soleil ne s'était pas couché que le président de la République paraissait à nous, devant une brochette de confrères dont certaines étaient des consœurs car, sans vouloir me hausser du col, j'ai des confrères qui sont des consœurs et qui, mon Dieu, ne défigurent pas les brochettes, surtout celle-là dont l'ornement le plus ornemental fut assurément notre directeur Ivan Levaï, dont j'étreins respectueusement les genoux.

Hélas ! cette journée d'exception fut marquée par un deuil que je qualifierai de cruel. Au zéroième coup de zéro heure, le pays retentit d'un seul cri : la Cinq se meurt, la Cinq est morte. Certes, nos esprits étaient prévenus, mais qui peut nier le choc que nous ressentîmes lorsque, sous nos yeux, Jean-Claude Bourret fut aspiré dans le néant audiovisuel. Son esprit n'est plus désormais matérialisé que par une myriade de petits points blancs, qui paraissent autant de téléspectateurs orphelins de ce grand frère, si j'ose risquer cette métaphore, et qui errent désormais privés de la main qui les guidait sur les chemins de la découverte. Cependant, une ultime consolation leur fut offerte : Jean-Claude Bourret l'a promis, il reviendra du néant cathodique. Et tous ceux qui, comme moi, ont suivi les yeux humides cette atroce disparition ont compris qu'il s'agissait de bien plus que d'une promesse : c'était une menace. Et là-dessus la terre a tremblé.

Je vous souhaite le bonjour.

Nous vivons une époque moderne.

Heureux habitants de l'Essonne et des autres départements français, vous n'êtes pas sans avoir remarqué que l'usage des abréviations tend à se répandre dans tous les domaines. La sécu. Les infos. Les perfs et les contreperfs des sportifs. Les exams que passent nos cadets. Les dissertes qui les y ont préparés. Le rédchef du matin qui répartit avec sagesse et impartialité les bobs enregistrés par nos vaillants reporters, bref, pour Dieu sait quelle raison, nous sommes si pressés de parler que nous ne pourrons bientôt plus tolérer les mots de plus de deux syllabes. L'automatisation et l'informatisation participent de cet effort général de réduction des vocables et, comme un auditeur sachant auditer en a fait l'expérience, sans souci des conséquences qu'elle pouvait provoquer.

Afin d'honorer, conformément aux usages, le baptême d'un nouveau-né de sa connaissance, notre homme s'en fut à la ville la plus proche commander un bon peu de dragées dans un magasin baptisé du nom prometteur de « Aux délices du palais ». Lorsqu'il fut servi, il demanda à payer par le moyen de sa carte bancaire. Le commerçant acquiesça à sa demande et enregistra la dépense avant de donner à son client le double du reçu de cette opération. Notre homme rangea machinalement le reçu dans son portefeuille. Lorsqu'il l'en ressortit pour procéder à certains comptes que tiennent les personnes scrupuleuses, il constata que le nom du magasin de dragées et friandises ayant été jugé trop long pour rentrer dans la machine dévoreuse de cartes bancaires, celui-ci avait été abrégé de telle sorte que notre homme se trouvait avoir été client non pas d'une boutique appelée « Aux délices du palais » mais d'un établissement baptisé « Aux délices du pal ! »

On sait que le pal est un supplice qui passe pour commencer très bien et finir très mal mais, comme le fait remarquer mon correspondant, il est encore de nombreux esprits pour en juger l'usage avec une certaine sévérité. Et, si l'on compte pour peu l'étonnement que l'épouse de notre homme aurait pu manifester en tombant par hasard sur cette facture suspecte, ou le ricanement du banquier voyant passer cette trace de mœurs tout à fait particulières, il me semble intéressant d'imaginer par quel artifice rhétorique les acheteurs de dragées pourraient justifier à un inspecteur des impôts les dépenses effectuées par eux « Aux délices du pal ».

Je vous souhaite le bonjour.

Nous vivons une époque moderne.

Heureux habitants de la Loire-Atlantique et des autres départements français, les tribunaux étatsuniens vont avoir à arbitrer un match plutôt inattendu. A ma droite, Michael Jackson, chanteur pop d'origine noire et aujourd'hui de couleur et de genre entre l'intermédiaire et l'indéterminé. A ma gauche, les 120 musiciens de l'orchestre symphonique de Cleveland, l'une des cinq grandes phalanges classiques des États-Unis d'Amérique.

Les seconds demandent au premier 7 millions de dollars de dommages et intérêts. Ce n'est pas au titre d'un quelconque préjudice esthétique ou d'une atteinte au moral des musiciens que la célèbre formation de Cleveland poursuit la star oxygénée. C'est parce que Michael Jackson a fait travailler à leur insu ces 120 musiciens en incorporant dans l'un de ses derniers titres, *Dangerous*, une minute et sept secondes d'un enregistrement réalisé en 1961 par l'orchestre de Cleveland sous la direction de Georg Szell.

Et une minute sept secondes de pas n'importe quelle œuvre : une minute sept secondes de la *Neuvième Symphonie* de Ludwig van Beethoven. Et oui, peut-être ne l'avez-vous pas remarqué, mais dans le dernier album de Michael Jackson, il y a un gros zeste de Beethoven. Or, disent les musiciens, cela n'est écrit nulle part, pas plus qu'il n'est indiqué que c'est nous qui jouons, et enfin – et peut-être surtout – ni M. Jackson, ni la maison Sony qui l'édite n'ont songé à nous verser un quelconque fifrelin sur les royautés que leur rapporte la vente de l'album intitulé *Dangerous*. La réponse de la maison Sony n'est pas à ranger, à mon avis, parmi les arguments qui vous clouent au sol. La porte-parole de l'honorable compagnie nippone a déclaré en effet que les œuvres de Mister Van Beethoven ne sont plus protégées depuis une sacrée lurette par le droit sacré du copyright. L'avocat de Michael Jackson me paraît, quant à lui, avoir trouvé de plus vigoureuses ressources dialectiques. Il a invité chacun à remarquer que toutes ces histoires de copyright n'ont guère d'importance qu'il s'agisse de celui de Mister Van Beethoven ou de celui de l'orchestre de Cleveland. En effet, a-t-il observé, je cite, « je ne vois personne qui puisse confondre Ludwig Van Beethoven et Michael Jackson ».

Ceci peut être rangé parmi les arguments qui vous laissent sans voix.

Je vous souhaite le bonjour.

Nous vivons une époque moderne.

Heureux habitants de la Somme et des autres départements français, sans doute avez-vous appris à l'école que c'est en 1820, par le traité de Courtrai, que fut défini le tracé de la frontière entre ce qui est aujourd'hui la République française et ce qui est le royaume de Belgique. Des bornes frontières en pierre furent, à cette occasion, disposées à intervalles réguliers le long de ce tracé afin d'aider les populations locales à savoir à quel moment elles mettaient le pied chez leur voisin. Mais avec les années, les guerres, les ravages du temps et l'incurie des hommes, certaines de ces bornes frontières disparurent sous la végétation, d'autres furent détruites, d'autres encore furent enlevées pour servir à Dieu sait quel usage.

Cette disparition aurait pu être lourde de conséquences pour les rapports franco-belges : en 1991, M. M., sujet du roi Baudouin vivant dans la province de Namur, possédait un petit bien dont le jardin touchait à la frontière française. De l'autre côté, M. B., gendarme honoraire, touchait à la frontière belge par le jardin du petit bien qu'il possédait lui-même.

Or il advint que M. M et M. B se disputèrent une bande de terrain. Conscients que cette dispute dépassait leurs seuls intérêts privés, M. M. et M. B. alertèrent chacun l'autorité la plus proche : les Belges voulaient s'approprier un morceau de notre sol ; non, c'était les Français. M. M. prévint son bourgmestre. M. B saisit son maire. Peu désireux de prendre seuls une décision susceptible d'avoir de graves conséquences diplomatiques et même militaires, les deux élus en référèrent à leur autorité de tutelle. Le bourgmestre en appela à la sagesse du gouverneur de la province de Namur. Le maire s'en remit au jugement avisé du préfet des Ardennes (dont je salue les heureux habitants, tout comme d'ailleurs je salue les indigènes de la province de Namur).

Le gouverneur et le préfet, hommes pondérés et soucieux du bien commun, se concertèrent dans la recherche d'une solution et dépêchèrent sur place une commission franco-belge et belgo-française composée de spécialistes du cadastre et d'officiers des douanes. Les uns et les autres épluchèrent les archives, scrutèrent les cartes, examinèrent les plans cadastraux et battirent la campagne pour y dénicher quelque ancienne borne frontière cachée ou enfouie. Leurs efforts ne furent point vains. En examinant les documents d'archives, ils acquirent la certitude qu'une borne frontière avait été placée jadis tout près des deux petits biens de M. M. et M. B. Ils la trouvèrent au pied d'un calvaire construit depuis, calvaire dont le Christ se trouve aujourd'hui avoir la main droite chez le roi des Belges et la main gauche sur le territoire de la République.

Grâce à leur borne, les spécialistes purent déterminer avec certitude et en pleine communion de pensée le tracé exact de la ligne fatidique. Il revenait ensuite à leurs autorités respectives de ratifier la conclusion de leurs travaux. C'est ce qu'elles viennent de faire : le gouverneur de la province de Namur et le préfet des Ardennes ont signé le procès-verbal de bornage et treize personnalités ont apposé leur signature à côté des leurs, dont le bourgmestre et le maire, un directeur et un inspecteur du cadastre de chacun des pays concernés et des officiers des douanes. Ce procès-verbal a été établi, signé et paraphé en pas moins de 22 exemplaires. Ah. N'ai-je pas oublié de vous indiquer la largeur de la bande de terrain que se disputaient la France et la Belgique par l'entreprise de M. M et de M. B. ? 20 centimètres.

Je vous souhaite le bonjour.

Nous vivons une époque moderne.

Heureux habitants du Maine-et-Loire et des autres départements français, ce n'est pas pour me flageller, mais voilà lurette que, manquant à mes devoirs, je ne vous ai pas donné de nouvelles du *japonese way of life*, autrement dit des mœurs de la fourmi nippone. Comme je m'efforce de vous en convaincre depuis que ces homélies matutinales ont été abandonnées à mes vaticinations, le Nippon est un homme comme nous. Sauf lorsque c'est une femme, auquel cas elle est justiciable d'une comparaison avec Mlle Martin. Le Nippon connaît les mêmes transformations des mœurs que les nôtres, il affronte les mêmes difficultés. Il a simplement l'esprit un peu plus pratique que le nôtre. Ainsi, pour remédier à la solitude urbaine, des distributeurs d'amour ont été installés dans certaines blanchisseries tokyoïtes.

N'allez pas, auditeurs enflammés, imaginer Dieu sait quelle machine permettant je ne sais quel mimétisme obscène de l'acte sexuel. Il s'agit d'un écran d'ordinateur – objet peu capable d'exciter les sens – et d'un clavier qui permet à tout Nippon mâle d'entrer dans la mémoire électronique son nom, son numéro de téléphone, ses caractéristiques physiques et professionnelles et, *last but not least*, comme on dit en japonais, la marque et la puissance de son automobile. Les Japonaises, elles, n'ont pas le droit de se faire connaître par ce moyen, mais, si elles mettent deux thunes dans le bastringue, le bastringue leur sort une liste de Nippons esseulés.

Et si ça ne marche pas entre ceux qui se rencontrent par ce biais électronique, me demandent déjà certains esprits forts ? Et d'ailleurs qu'est-ce que ce distributeur d'amour a de plus que nos messageries roses du Minitel ajoutent d'autres esprits qui se veulent plus forts que les esprits forts ? Eh bien, esprits forts plus ou moins forts, en plus de leur distributeur d'amour, les Nippons disposent à Tokyo des services d'une société qui offre une famille à ceux qui n'en ont pas. Vous voulez dire qu'on peut être adopté ? Non. Je veux dire que l'on peut louer une famille et qu'elle vous est amenée à domicile une heure après votre coup – soit deux fois plus vite qu'une pizza à Paris – de téléphone. Si vous avez envie d'un jeune couple avec un enfant, cela vous coûtera 6 000 F pour trois heures de présence. Avec une grand-mère, il y a un supplément de 600 F (Je ne sais pas si c'est 600 F pour n'importe quelle grand-mère ou si, comme dans les restaurants, c'est « selon grosseur »).

Vous vous rendez compte : changer de famille comme on change de voiture : c'est le triomphe absolu du zapping.

Je vous souhaite le bonjour !

Nous vivons une époque moderne.

Heureux habitants de la Moselle et des autres départements français, peut-être s'en trouvent-ils parmi vous qui ont désiré ou qui désirent encore ardemment devenir riches. Certains, dans cet espoir, s'efforcent de deviner quel cœur, quel pique, quel carreau, quel trèfle vont sortir des sphères à courant d'air du Tapis vert dont TF1 diffuse la passionnante saga dans le cadre du mieux-disant culturel. D'autres, comme moi-même, s'appliquent à une grande servilité avec leur chef dans l'espoir d'une substantielle augmentation. D'autres, enfin, utilisent les ressources de leur esprit à inventer un produit ou un service qui leur rapporte la fortune. Cette voie-là pourrait bien être la bonne. C'est en effet celle qu'a suivie William Gates, un Étatsunien de 36 ans, qui, comme on dit là-bas, vaut aujourd'hui 7 milliards de dollars grâce à la compagnie de service informatique qu'il a créée à l'âge de 19 ans. Sept milliards de dollars, cela représente de quoi s'acheter quatorze Opéra-Bastille. Certes, personne n'a besoin de quatorze Opéra-Bastille, mais personne n'a non plus besoin de 7 milliards de dollars. Aussi, lorsqu'on les possède, la question se pose de savoir qu'en faire. William Gates, devenu riche, s'est fait construire sur la côte Pacifique une maison de riche. Mais elle ne lui a coûté que 15 millions de dollars, soit à peine trois ans d'intérêts de son capital, à supposer qu'il ne l'ait pas trop bien placé. Dans sa maison de riche, le riche William Gates a pensé qu'il devait vivre comme les autres riches – il a acheté des revues qui parlent des riches et il a vu qu'ils vivaient entourés d'œuvres d'art. Oui, mais les œuvres d'art sont chères, leur cote fluctue et William Gates serait plutôt pingre. Alors, au lieu de risquer son bon argent sur un tableau de Van Gogh ou sur une sculpture de Brancusi, William Gates a fait installer partout dans sa maison de riche des écrans de télévision haute définition géants. Peut-être pensez-vous – surtout si vous regardez TF1 – que la télévision, même sur écran haute définition géant, n'a qu'un rapport éloigné avec l'œuvre d'art. La télévision peut-être, mais pas celles de William Gates. Les siennes sont toutes reliées à une banque d'images. Et que trouve-t-on dans cette banque d'images ? Des photographies de toutes les œuvres d'art répertoriées dans les grands musées du monde. Il suffit de composer le code approprié pour voir apparaître sur l'écran haute définition *L'Astronome* de Vermeer, le *Persée* de Benvenuto Cellini ou le *Vénus et Mars* de Botticelli qu'un vain peuple admire à Paris au Louvre, à Florence aux Offices ou à Londres à la National Gallery. On peut donc soutenir qu'en matière de collections, William Gates a inventé un usage de la richesse que l'on pourrait appeler la richesse allégée. Ceux de nos auditeurs qui sont milliardaires et à qui je viendrais de donner une idée peuvent me remercier de l'économie que je leur aurai permis de réaliser. J'accepte tout, même les œuvres d'art.

Je vous souhaite le bonjour.

Nous vivons une époque moderne.

Heureux habitants francophones du royaume des Belges et des départements français, voilà maintenant une sacrée lurette que nous vivons tous et chacun dans l'attente d'un événement dont on nous promet qu'il nous sortira de notre morosité, qu'il nous permettra de surfer de nouveau sur la vague de la croissance et de naviguer vers la diminution du nombre de chômeurs corrigé des variations saisonnières, j'ai nommé, mais vous l'avez tous reconnue, la reprise de l'économie américaine.

La reprise de l'économie américaine est un événement aléatoire, que je qualifierais même de facétieux, voire de capricant. Elle était, nous jure-t-on, passée par ici, elle doit donc repasser par là. On l'interroge fébrilement : « Y es-tu ? » Et elle répond : « Je mets mes chaussettes ». On croit savoir où elle se niche, on s'en approche en la questionnant : « Comment suis-je ? » « Tu es froid, tu es tiède, tu es chaud » et, au moment où on espère l'entendre dire « tu brûles », patatras, nous voilà froids à nouveau.

Les Étatsuniens eux-mêmes ne sont pas mieux lotis que nous. Ils se trouvent même si dépourvus, quand il s'agit de savoir quand la reprise sera venue, qu'ils se sont récemment tournés vers des astrologues. Oh, pas n'importe quels astrologues, des astrologues spécialisés en économie. *Le Chicago Tribune* en a interrogé trois.

Le premier, M. Laurence Acher, un ancien fermier reconverti, a prédit que les cours du bœuf allaient s'effondrer et que l'économie mondiale allait se trouver cul pardessus tête à cause des ravages considérables que causerait à partir de juin prochain une résurgence de l'activité de tous les volcans du monde.

Le deuxième, M. James Hyerezyk, n'a pas vu poudroyer la moindre reprise à l'horizon. En revanche, il assure que les cours du blé et du soja vont dégringoler à toute vibure.

Le troisième astro-économiste, Mme Grace Morris, a remarqué que, dans les mois à venir, Uranus et Neptune allaient former une figure dite de conjonction. Mme Morris nous prie d'observer que c'est sous une telle conjonction que fut créé le Saint-Empire romain germanique et que le concile de Trente fut convoqué par le pape Paul III à la demande de Charles Quint pour enrayer les progrès de la Réforme protestante. Mais c'est aussi sous les auspices d'une conjonction Uranus-Neptune que la Révolution industrielle vit le jour aux États-Unis. Il y a donc lieu, pensez-vous, d'espérer que la reprise américaine va bel et bien montrer le bout de son nez et de s'en réjouir. Je m'en réjouis plus ou moins, car Mme Morris tient à nous faire remarquer qu'en octobre, Jupiter quittera le signe de la Vierge. Et que se passe-t-il, lorsque Jupiter quitte le signe de la Vierge, chroniqueur matutinal et vaticinant ? Il se passe que les syndicats reprennent du poil de la bête et que l'agitation sociale atteint des sommets. Et, dans quels secteurs cette agitation sociale sera-t-elle à son comble ? Là, Mme Morris est restée muette. Ce n'est pas qu'elle ne le sache pas, c'est que, arrivé à un certain point de précision dans les questions, chacune de ses réponses est tarifée. Combien ? 2 000 F. Les entreprises intéressées doivent savoir qu'elles peuvent récupérer la TVA.

Je vous souhaite le bonjour !

Nous vivons une époque moderne.

Heureux habitants de la Haute-Garonne et des autres départements français, un bon peu d'entre vous, comme on dit dans les pays de langue d'oc lorsque l'on veut souligner avec quelle modestie on indique l'abondance de quelque chose, un bon peu d'entre vous, donc, m'a fait le reproche d'avoir laissé la nation dans l'ignorance de mon opinion sur les conséquences des élections récentes. Que va devenir le pays ? Que va faire le président ? Ô chroniqueur matutinal et vaticinant, tu ne l'ignores point, ne nous le cèle pas, ou tu ne l'ignores pas, ne nous le cèle point.

Ému par cet appel de la demande générale, je m'en vais donc vous annoncer l'avenir, en usant d'une parabole. En effet, étant né moi-même un 25 décembre, je ne vois pas qui peut être mieux qualifié pour user d'une parabole. La voici.

En 390 après Jésus-Christ naquit, dans le bourg de Sysin, en Syrie, un enfant qui fut prénommé Siméon et que son père, homme bon mais sans ressources, fut contraint de préposer à la garde de son maigre bétail à peine eut-il atteint l'âge de 7 ans. Lorsqu'il eut accompli sa treizième année, Siméon rencontra l'un de ces chrétiens des premiers siècles qui parcouraient le monde animés d'une foi incendiaire. Ce chrétien-là convertit notre jeune berger. Siméon se trouva même si fort converti qu'il résolut de devenir moine et se fit admettre par une communauté voisine. Il en fut membre pendant près de vingt ans. Cependant, la compagnie de ses frères moines lui pesait car elle lui paraissait le ramener trop souvent à des préoccupations terre à terre.

Aussi décida-t-il de se retirer au désert. Mais comme sa réputation de sainteté était grande, moult chrétiens vinrent l'y déranger et le prier d'accomplir quelques miracles. Alors Siméon agacé fit procéder à l'érection d'une colonne haute de 3 mètres et large de 90 centimètres avec une balustrade tout en haut pour ne pas tomber pendant son sommeil. Il vécut six ans sur cette stèle et gagna ainsi le surnom de « Siméon le stylite ». Il gagna également un tel surcroît de popularité que les chrétiens l'importunèrent de plus belle avec leurs demandes de miracles. Du coup, Siméon fit rehausser sa stèle qui mesura désormais 6 mètres. Il y passa dix ans. La foule ne se découragea ni de grossir, ni de le supplier. Siméon fit ajouter 5 mètres à sa colonne. Après quatorze nouvelles années, même du haut de ses 11 mètres, Siméon se trouvait encore déconcentré par la foule des supplicants. Il décida donc la construction d'une nouvelle stèle haute de 20 mètres et, sur cette stèle, il passa les dernières années de sa vie, heureux qu'enfin les clameurs populaires n'entachassent plus la splendeur de ses méditations.

En voilà une histoire qu'elle est belle, oncle Philippe, mais, quel est le rapport entre saint Siméon le stylite et les conséquences que le président de la République va tirer du résultat des élections régionales ? Le rapport est simple, auditeurs, ô mes brebis. J'ai interrogé mes confrères et tout porte à croire que le président va prendre de la hauteur…

Je vous souhaite le bonjour !

Nous vivons une époque moderne.

Heureux habitants du Rhône et des autres départements français, ça n'est pas pour me vanter, mais hier, vers 7 heures et demie du soir (et non pas vers 19 h 30 comme beaucoup disent désormais dans ce pays où l'on prend l'habitude de parler aussi sèchement que les indicateurs de chemins de fer), donc, hier après-midi vers 7 heures et demie, je suis entré dans un bistro. A tous ceux d'entre vous qui pourraient juger incroyable qu'un homme qui a mes responsabilités se laisse glisser sur la pente du vice et que, par surcroît, il s'en vante à la radio, je tiens à préciser que c'était poussé par la nécessité de téléphoner que je pénétrai dans cet établissement de débauche où commencent si souvent le malheur des familles et la cirrhose du foie.

Donc, je m'installe au comptoir et je commande une verveine déverveinée. On me la sert obligeamment, et, tandis que je la laisse infuser – car la verveine déverveinée demande à infuser copieusement –, je prête l'oreille à la conversation que le gérant du bar soutenait avec son serveur. Les deux hommes, chacun dans la trentaine, comparaient leur dernière semaine de sports d'hiver, souvenir déjà lointain. Le gérant vantait les mérites de son club de vacances, parce que tout y est organisé, payé d'avance et que l'on ne doit se soucier ni du ménage ni de la cuisine. Lui-même, son épouse, leurs deux enfants en bas âge, leurs beau-frère et belle-sœur et leur mignard se montraient également satisfaits du système club et n'en imaginaient pas de meilleur.

De son côté, le serveur en tenait pour la location d'appartement. Sa compagne, la sœur de celle-ci, le concubin de la sœur, les trois enfants que ces deux ménages ont engendrés et la propre grand-mère du serveur qui avait accompagné cette petite smala venaient de passer, grâce à la location, une semaine irréprochable. « On est entre soi, soulignait le serveur, chacun s'arrange comme il veut, moi je n'aime pas l'ambiance des clubs. »

« Peut-être, reprit au vol le gérant, mais c'est vachement (il a dit « vachement ») reposant de n'avoir pas à faire les courses et la tambouille en rentrant des pistes. Bien sûr, tu me diras, toi, pour les corvées, t'avais la grand-mère... »

« Tu rigoles, rétorqua le barman, ma grand-mère, elle était toujours la première au tire-fesses... »

Si un jour on me demande ce qu'il y a de nouveau en ce bas monde depuis que j'y ai fait mon entrée, il me semble que je saurai désormais que répondre : « Aujourd'hui, dirai-je, il y a des grand-mères qui sont les premières au tire-fesses ».

Je vous souhaite le bonjour !

Nous vivons une époque moderne.

Tables

RÉALISATION : ATELIER PAO ÉDITIONS DU SEUIL.
IMPRESSION : IMPRIMERIE HÉRISSEY À ÉVREUX.
DÉPÔT LÉGAL : NOVEMBRE 1993. N° 21150 (63224).

Collection Points

SÉRIE ACTUELS

A1. Lettres de prison, *par Gabrielle Russier*
A2. J'étais un drogué, *par Guy Champagne*
A3. Les Dossiers noirs de la police française
par Denis Langlois
A4. Do It, *par Jerry Rubin*
A5. Les Industriels de la fraude fiscale, *par Jean Cosson*
A6. Entretiens avec Allende, *par Régis Debray* (épuisé)
A7. De la Chine, *par Maria-Antonietta Macciocchi*
A8. Après la drogue, *par Guy Champagne*
A9. Les Grandes Manœuvres de l'opium
par Catherine Lamour et Michel Lamberti
A10. Les Dossiers noirs de la justice française
par Denis Langlois
A11. Le Dossier confidentiel de l'euthanasie
par Igor Barrère et Étienne Lalou
A12. Discours américains, *par Alexandre Soljénitsyne*
A13. Les Exclus, *par René Lenoir* (épuisé)
A14. Souvenirs obscurs d'un Juif polonais né en France
par Pierre Goldman
A15. Le Mandarin aux pieds nus, *par Alexandre Minkowski*
A16. Une Suisse au-dessus de tout soupçon, *par Jean Ziegler*
A17. La Fabrication des mâles
par Georges Falconnet et Nadine Lefaucheur
A18. Rock babies, *par Raoul Hoffmann et Jean-Marie Leduc*
A19. La nostalgie n'est plus ce qu'elle était
par Simone Signoret
A20. L'Allergie au travail, *par Jean Rousselet*
A21. Deuxième Retour de Chine
par Claudie et Jacques Broyelle et Évelyne Tschirhart
A22. Je suis comme une truie qui doute, *par Claude Duneton*
A23. Travailler deux heures par jour, *par Adret*
A24. Le rugby, c'est un monde, *par Jean Lacouture*
A25. La Plus Haute des solitudes, *par Tahar Ben Jelloun*
A26. Le Nouveau Désordre amoureux
par Pascal Bruckner et Alain Finkielkraut
A27. Voyage inachevé, *par Yehudi Menuhin*
A28. Le communisme est-il soluble dans l'alcool ?
par Antoine et Philippe Meyer
A29. Sciences de la vie et Société
par François Gros, François Jacob et Pierre Royer
A30. Anti-manuel de français
par Claude Duneton et Jean-Pierre Pagliano

A31. Cet enfant qui se drogue, c'est le mien
par Jacques Guillon
A32. Les Femmes, la Pornographie, l'Érotisme
par Marie-Françoise Hans et Gilles Lapouge
A33. Parole d'homme, *par Roger Garaudy*
A34. Nouveau Guide des médicaments, *par le Dr Henri Pradal*
A35. Rue du Prolétaire rouge, *par Nina et Jean Kéhayan*
A36. Main basse sur l'Afrique, *par Jean Ziegler*
A37. Un voyage vers l'Asie, *par Jean-Claude Guillebaud*
A38. Appel aux vivants, *par Roger Garaudy*
A39. Quand vient le souvenir, *par Saul Friedländer*
A40. La Marijuana, *par Solomon H. Snyder*
A41. Un lit à soi, *par Évelyne Le Garrec*
A42. Le lendemain, elle était souriante..., *par Simone Signoret*
A43. La Volonté de guérir, *par Norman Cousins*
A44. Les Nouvelles Sectes, *par Alain Woodrow*
A45. Cent Ans de chanson française, *par Chantal Brunschwig*
Louis-Jean Calvet et Jean-Claude Klein
A46. La Malbouffe, *par Stella et Joël de Rosnay*
A47. Médecin de la liberté, *par Paul Milliez*
A48. Un Juif pas très catholique, *par Alexandre Minkowski*
A49. Un voyage en Océanie, *par Jean-Claude Guillebaud*
A50. Au coin de la rue, l'aventure
par Pascal Bruckner et Alain Finkielkraut
A51. John Reed, *par Robert Rosenstone*
A52. Le Tabouret de Piotr, *par Jean Kéhayan*
A53. Le temps qui tue, le temps qui guérit
par le Dr Fernand Attali
A54. La Lumière médicale, *par Norbert Bensaïd*
A55. Californie (Le Nouvel Age)
par Sylvie Crossman et Édouard Fenwick
A56. La Politique du mâle, *par Kate Millett*
A57. Contraception, Grossesse, IVG
par Pierrette Bello, Catherine Dolto et Aline Schiffmann
A58. Marthe, *anonyme*
A59. Pour un nouveau-né sans risque
par Alexandre Minkowski
A60. La vie tu parles, *par Libération*
A61. Les Bons Vins et les Autres, *par Pierre-Marie Doutrelant*
A62. Comment peut-on être breton ?, *par Morvan Lebesque*
A63. Les Français, *par Theodore Zeldin*
A64. La Naissance d'une famille, *par T. Berry Brazelton*
A65. Hospitalité française, *par Tahar Ben Jelloun*
A66. L'Enfant à tout prix
par Geneviève Delaisi de Parseval et Alain Janaud
A67. La Rouge Différence, *par F. Edmonde Morin*
A68. Regard sur les Françaises, *par Michèle Sarde*

A69. A hurler le soir au fond des collèges, *par Claude Duneton avec la collaboration de Frédéric Pagès*
A70. L'Avenir en face, *par Alain Minc*
A71. Je t'aime d'amitié, *par la revue « Autrement »*
A72. Couples, *par la revue « Autrement »*
A73. Le Sanglot de l'homme blanc, *par Pascal Bruckner*
A74. BCBG, le guide du bon chic bon genre *par Thierry Mantoux*
A75. Ils partiront dans l'ivresse, *par Lucie Aubrac*
A76. Tant qu'il y aura des profs *par Hervé Hamon et Patrick Rotman*
A77. Femmes à 50 ans, *par Michèle Thiriet et Suzanne Képès*
A78. Sky my Husband ! Ciel mon mari ! *par Jean-Loup Chifflet*
A79. Tous ensemble, *par François de Closets*
A80. Les Instits. Enquête sur l'école primaire *par Nicole Gauthier, Catherine Guiguon et Maurice A. Guillot*
A81. Objectif bébé. Une nouvelle science, la bébologie *par la revue « Autrement »*
A82. Nous l'avons tant aimée, la révolution *par Dany Cohn-Bendit*
A83. Enfances, *par Françoise Dolto*
A84. Orient extrême, *par Robert Guillain*
A85. Aventurières en crinoline, *par Christel Mouchard*
A86. A la soupe !, *par Plantu*
A87. Kilos de plume, kilos de plomb *par Jean-Louis Yaïch et Dr Gérard Apfeldorfer*
A88. Grands Reportages, *collectif*
A89. François Mitterrand ou la tentation de l'histoire *par Franz-Olivier Giesbert*
A90. Génération 1. Les Années de rêve *par Hervé Hamon et Patrick Rotman*
A91. Génération 2. Les Années de poudre *par Hervé Hamon et Patrick Rotman*
A92. Rumeurs, *par Jean-Noël Kapferer*
A93. Éloge des pédagogues, *par Antoine Prost*
A94. Heureux Habitants de l'Aveyron, *par Philippe Meyer*
A95. Milena, *par Margarete Buber-Neumann*
A96. Plutôt russe que mort !, *par Cabu et Claude-Marie Vadrot*
A97. Une saison chez Lacan, *par Pierre Rey*
A98. Le niveau monte, *par Christian Baudelot et Roger Establet*
A99. Les Banlieues de l'Islam, *par Gilles Kepel*
A100. Madame le Proviseur, *par Marguerite Genzbittel*
A101. Naître coupable, naître victime, *par Peter Sichrovsky*
A102. Fractures d'une vie, *par Charlie Bauer*
A103. Ça n'est pas pour me vanter..., *par Philippe Meyer*
A104. Enquête sur l'auteur, *par Jean Lacouture*

A105. Sky my wife ! Ciel ma femme !
par Jean-Loup Chiflet
A106. La Drogue dans le monde
par Christian Bachmann et Anne Coppel
A107. La Victoire des vaincus, *par Jean Ziegler*
A108. Vivent les bébés !, *par Dominique Simonnet*
A109. Nous vivons une époque moderne, *par Philippe Meyer*
A110. Le Point sur l'orthographe, *par Michel Masson*
A111. Le Président, *par Franz-Olivier Giesbert*
A112. L'Innocence perdue, *par Neil Sheehan*
A113. Tu vois, je n'ai pas oublié
par Hervé Hamon et Patrick Rotman
A114. Une saison à Bratislava, *par Jo Langer*
A115. Les Interdits de Cabu, *par Cabu*
A116. L'avenir s'écrit liberté, *par Édouard Chevardnadzé*
A117. La Revanche de Dieu, *par Gilles Kepel*
A118. La Cause des élèves, *par Marguerite Gentzbittel*
A119. La France paresseuse, *par Victor Scherrer*
A120. La Grande Manip, *par François de Closets*
A121. Le Livre, *par Les Nuls*
A122. La Mélancolie démocratique, *par Pascal Bruckner*
A123. Autoportrait d'une psychanalyste, *par Françoise Dolto*
A124. L'École qui décolle, *par Catherine Bédarida*
A125. Les Lycéens, *par François Dubet*
A126. Les Années tournantes, *par la revue « Globe »*
A127. Nos solitudes, *par Michel Hannoun*
A128. Allez les filles !
par Christian Baudelot et Roger Establet
A129. La Haine tranquille, *par Robert Schneider*
A130. L'Aventure Tapie, *par Christophe Bouchet*
A131. Dans le huis clos des salles de bains, *par Philippe Meyer*
A132. Les abrutis sont parmi nous, *par Cabu*
A133. Liberté, j'écris ton nom, *par Pierre Bergé*
A134. La France raciste, *par Michel Wieviorka*
A135. Sky my kids ! Ciel mes enfants !, *par Jean-Loup Chiflet*
A136. La Galère : jeunes en survie, *par François Dubet*
A137. Le corps a ses raisons, *par Thérèse Bertherat*
A138. Démocratie pour l'Afrique, *par René Dumont*
A139. Monseigneur des autres, *par Jacques Gaillot*
A140. Amnesty International, le parti des droits de l'homme
par Aimé Léaud
A141. Capitalisme contre capitalisme, *par Michel Albert*
A142. Chroniques matutinales, *par Philippe Meyer*